Karls

IMPRESSUM

Math. Lempertz GmbH
Hauptstraße 354
53639 Königswinter
Tel.: 02223 / 90 00 36
Fax: 02223 / 90 00 38
info@edition-lempertz.de
www.edition-lempertz.de

LIKE US ON facebook www.facebook.com/MIXtippRezepte

Lektorat: Annemarie Ulrich, Melanie Quandt-Lützner
Layout/Satz: Kerstin Pfeiffer
Druck und Bindung: NEOGRAFIA, a.s., Slowakei, www.neografia.sk
ISBN: 978-3-96058-427-8
Rezeptbilder:
© Paul Kruth (fischfeuerwerk)
© Adobe Stock: oksana_bondar, 5ph, Naoki Kim
weitere Illustrationen und Familienbilder:
© Karls Markt OHG

FSC www.fsc.org MIX Papier aus verantwortungsvollen Quellen FSC® C020353

Karls
1921

KOCHBUCH

Erdbeeriger wird's nicht

LEMPERTZ

INHALT

DESSERTS

HAUPTSPEISEN

GETRÄNKE

Karls
1921

Am Anfang war die Erdbeere:

DIE KARLS GESCHICHTE

Begonnen hat die Karls Geschichte mit Opa Karl, im Jahr 1921, auf einem kleinen Bauernhof in Mecklenburg. Heute zählen Karls Erlebnis-Dörfer zu Deutschlands beliebtesten Familienausflugszielen. Eine Reise durch ein Jahrhundert „erdbeeriger" Firmengeschichte.

Sie stöbern in Deutschlands größten Manufaktur-Märkten zwischen Manufakturprodukten, die direkt in 18 eigenen Schau-Manufakturen hergestellt werden, erdbeerigen und trendigen Dekoartikeln und leckeren Köstlichkeiten, nicht nur aus Erdbeeren. Sie erobern spektakuläre Erlebniswelten mit Hüpfparadiesen, Achterbahn-Abenteuern, Kreativ-Werkstätten oder spektakulären Rutschtürmen. Sie bestaunen die weltgrößten Kaffeekannensammlungen. Mehr als 250 Attraktionen gilt es in Karls Erlebnis-Dörfern an ihren Standorten in Rövershagen bei Rostock, in Zirkow auf Rügen, in Koserow auf Usedom, in Warnsdorf bei Lübeck, in Elstal bei Berlin, in Warnemünde und in Loburg bei Magdeburg zu entdecken. Ganzjährig, bei kostenlosem Eintritt.

Die Erfolgsgeschichte findet ihren Beginn 1921. Es war das Jahr, in dem der Großvater des heutigen Inhabers der Karls Erlebnis-Dörfer, Karl, in einem kleinen Dorf im Norden Mecklenburgs einen Bauernhof kaufte. Über 2 Jahrzehnte lieferte Karl Dahl 2 Mal pro Woche Obst und Gemüse mit einem Pferdefuhrwerk nach Rostock, um es auf Wochenmärkten an den Mann zu bringen. Nach dem Zweiten Weltkrieg flüchtete die Familie Dahl mit ihren fünf Kindern nach Ostholstein, wo wenig später ein neuer Hofbetrieb gegründet wurde.

Ein Glücksfall für den tüchtigen Bauern Karl ist die Eröffnung der Marmeladenfabrik Schwartau, die unmittelbar nach Dahls Flucht nahe Lübeck ihren Sitz gründete. Die Fabrik suchte händeringend Zulieferer. Sie suchte engagierte Bauern, die den hohen Bedarf an Erdbeeren befriedigen konnten. Opa Karl spezialisierte sich. Aus dem kleinen Gemischtwarenunternehmen wurde ein Erdbeeranbaubetrieb, der rasch expandierte und auch in nächster Generation seiner positiven Entwicklung treu blieb. Opa Karls Sohn, Karl-Heinz, liebte das, was er tat und auch seine Kinder, Ulrike und Robert, genossen das bunte Leben auf dem Erdbeerhof. Bis zur Wende im Jahr 1989.

Mit der Wende wurden nicht nur die innerdeutschen Grenzen geöffnet, auch der Warenverkehr mit osteuropäischen Ländern war nun möglich. Der Konkurrenz mit billigen Erdbeeren aus Polen konnte der Erdbeerhof der Familie Dahl nur schwer Stand halten. Schon eine Saison nach dem Fall der Mauer endete die Zusammenarbeit mit Schwartau und zwang die fleißigen Erdbeerbauern in Warnsdorf zum Umdenken.

Der weitere Weg war so simpel wie kreativ: Von einem Schüleraustausch im englischen Wimbledon brachte Ulrike Dahl, die Tochter des Erdbeerbauern, die Idee eines Erdbeerverkaufsstands mit. Schon 2 Tage nach der Rückkehr des Dahl-Sprösslings nach Warnsdorf stand das Verkaufshäuschen in Form einer Erdbeere auf dem heimischen Bauernhof. 15 weitere Verkaufsstände, handgefertigt von einem Schiffsbauer aus der Region, folgten. Der Familienbetrieb der Familie Dahl wurde zum Direktvermarkter von Erdbeeren. Einmal mehr wurde die rote Frucht zum Erfolgsgaranten.

Robert Dahl, Ulrikes Bruder, schloss zu dieser Zeit seine Obstbaulehre ab und reiste zum Sprachkurs nach Polen. Hier empfing der junge Dahl einen Brief, 17 Seiten lang, von seinem Vater, mit dem Wunsch, den ursprünglichen Hof in Mecklenburg wieder zum Leben zu erwecken. In der Anlage des Briefes befand sich eine handgeschriebene „Idee zum Aufbau eines Beeren- und Obstbaus in Mecklenburg".

1992 gründet Robert Dahl in Rövershagen bei Rostock einen Erdbeeranbaubetrieb. Im Sinne seines Vaters und getreu dem Grundsatz „Die endgültige Betriebsgröße wird absatzbestimmt" startet er mit 10 Hektar Erdbeerfeldern und 13 Erdbeer-Verkaufshäuschen. Mit 22 Jahren hat Robert Dahl seinen eigenen Betrieb.

Der große Ansturm auf den Erdbeerhof sorgte schnell dafür, dass auch andere Landprodukte ins Sortiment kamen. Als dann auch noch vor der Hoftür des 120 Quadratmeter großen Bauernladens ein kleiner Spielplatz entstand, war die Saat des heutigen Erlebnis-Dorfes gelegt.

Während zunächst noch in alter Tradition der Firmenname „Erdbeerhof Rövershagen" auf dem Bauernmarkt prangte, sollte im Jahr 2001 der Name „Karls Erlebnis-Hof" den Erdbeerhof als ganzjährig attraktiven Anziehungspunkt für Durchreisende, Urlauber und Einheimische festigen.

Nach 100 Jahren Familiengeschichte geht es erdbeerig weiter. Die Pläne der Familie Dahl sind groß. Seid gespannt, was Karls, Karlchen und seine Freunde noch für erlebnisreiche Überraschungen bereit halten …

Opa Karl mit Robert Dahl auf den Schultern.

KUCHEN

KÄSEKUCHEN MIT ERDBEEREN

mittel   80 Minuten (inklusive Backzeit)

Du brauchst für 1 Kuchen:

1 Springform, ø 26 cm oder 1 große Auflaufform, Backpapier

Für die Käsekuchen-Masse:
6 Eier, Größe M
100 g weiche Butter
250 g Zucker
1 TL Vanillezucker
70 g Puddingpulver (Vanillegeschmack), entspricht 2 Pck.
1 TL Backpulver
1 kg Quark, Magerstufe nach Belieben

Für den Belag:
frische Karls Erdbeeren
70 g heller Tortenguss
1 l Karls Erdbeernektar

1. Die Springform oder die Auflaufform einfetten oder mit Backpapier auslegen und den Ofen auf 175°C Ober-/Unterhitze vorheizen.
2. Die Eier mit der Butter und dem Zucker zusammen in einer Schüssel mit dem Handrührgerät oder in der Küchenmaschine schaumig rühren. Anschließend das Puddingpulver und das Backpulver mit hinzufügen und unterrühren. Zum Schluss den Quark löffelweise unterheben.
3. Die Quarkmasse in die vorbereitete Form geben und im vorgeheizten Ofen 60 Minuten backen. Zum Ende der Backzeit den Kuchen ein bisschen beobachten, damit er nicht zu dunkel wird und eine Stäbchenprobe machen. Dafür einen Holzspieß nehmen und in den Kuchen stecken. Bleibt noch Teig am Stäbchen kleben, die Backzeit ein wenig verlängern. Nach dem Backen den Kuchen abkühlen lassen.
4. Den abgekühlten Kuchen anschließend mit den geputzten Erdbeeren belegen. Zum Schluss den Tortenguss mit dem Erdbeernektar nach Packungsanweisung kochen und über die Erdbeeren geben, sodass sie komplett damit bedeckt sind.
5. Den Kuchen noch einmal gut durchkühlen lassen und genießen.

SCHOKOLADE
KARLS
SCHOKOLADE
KARLS
EIERLIKÖR

EIERLIKÖRSCHNITTE

mittel — 45 Minuten (inklusive Backzeit) + Kühlzeit

Du brauchst für 1 Kuchen:

1 Backblech

Für den Boden:
4 Eier, Größe M
250 g Zucker
200 ml Karls Schokoladen-Klötenköm
200 g Saure Sahne
300 g Weizenmehl, Type 405
2 TL Backpulver
50 g Backkakao

Für den Belag:
1 l Milch
150 g Zucker
200 g Puddingpulver (Vanillegeschmack)
2 Flaschen à 350 ml Karls Erdbeer-Klötenköm
200 g Schmand
600 ml kalte Schlagsahne
50 g Vanillezucker
20 g Sahnesteif

Für die Deko:
frische Karls Erdbeeren
Karls Erdbeer-Klötenköm
Minzeblätter

1. Das Backblech einfetten und den Ofen auf 170°C Ober-/Unterhitze vorheizen.
2. Für den Schokoboden die Eier und den Zucker in einer Schüssel mit dem Handrührgerät oder in der Küchenmaschine schaumig schlagen. Danach Schoko-Klötenköm und Saure Sahne unterrühren. Mehl, Backpulver und Kakao über die Masse sieben und unterheben.
3. Den Teig nun auf das vorbereitete Backblech geben und im vorgeheizten Ofen ca. 20–25 Minuten backen. Am Ende der Backzeit eine Stäbchenprobe machen. Bleibt noch Teig am Holzstäbchen kleben, die Backzeit ein wenig verlängern. Den fertigen Boden gut abkühlen lassen.
4. Für den Belag ⅔ der Milch mit dem Zucker in einem Topf aufkochen lassen und im übrigen Teil der Milch das Puddingpulver verrühren. Die Pudding-Milch-Mischung in die kochende Milch geben und gut verrühren.
5. Wenn der Pudding fertig ist, diesen noch heiß in eine Rührschüssel geben. Erdbeer-Klötenköm und Schmand unter den noch heißen Pudding rühren.
6. Die warme Puddingmasse auf den Teig geben, glatt streichen und abkühlen lassen.
7. Sahne zusammen mit Vanillezucker und Sahnesteif steif schlagen. Die Erdbeeren putzen und halbieren.
8. Die geschlagene Sahne auf die Puddingmasse geben und mit den Erdbeeren dekorieren.
9. Zum Schluss noch etwas Klötenköm darüber träufeln.

KEY LIME PIE

mittel — 1 Stunde 20 Minuten (inklusive Backzeit) + Kühlzeit

Du brauchst für 1 Pie:

1 Springform, ø 26 cm, Backpapier

Für den Mürbeteigboden:
200 g Weizenmehl, Type 405
75 g Zucker
75 g kalte Butter
1 Ei, Größe M
1 TL Backpulver

Für die Füllung:
4 Bio-Limetten (Saft & Abrieb)
400 ml gezuckerte Kondensmilch
400 ml „normale" ungezuckerte Kondensmilch
20 ml Zitronensaft
50 g Puddingpulver (Vanillegeschmack)
8 Eigelb, Größe M

Für die Deko:
250 ml kalte Schlagsahne
1 Pck. Sahnesteif
1 Pck. Vanillezucker
frische Karls Erdbeeren
Limettenabrieb

1. Die Springform einfetten und mit Backpapier auskleiden. Den Backofen auf 160°C Ober-/Unterhitze vorheizen.
2. Für den Mürbeteig alle Zutaten in eine Schüssel geben und mit der Küchenmaschine oder dem Handrührgerät zu einem schönen und geschmeidigen Teig verarbeiten. Diesen Teig auf dem Boden der Springform verteilen und am Rand etwas hochziehen, so dass eine kleine Kante entsteht.
3. Für die Füllung die Schale aller 4 Limetten vorsichtig mit einer feinen Reibe abreiben, anschließend die Limetten mehrmals über die Tischplatte rollen, um so viel Saft wie möglich zu gewinnen. Die Limetten auspressen. Schale und Saft zusammen mit den anderen Zutaten für die Füllung in eine Schüssel geben. Die Masse vorsichtig mit einem Teigschaber verrühren (es sollte nicht zu viel Luft unter die Masse gehoben werden).
4. Die Crememasse auf den vorbereiteten Teig geben und im vorgeheizten Ofen 50–60 Minuten backen.
5. Den Kuchen nach dem Backen vollständig auskühlen lassen.
6. Die Sahne zusammen mit dem Sahnesteif und dem Vanillezucker gut aufschlagen und auf dem fertig gebackenen und ausgekühlten Kuchen verteilen.
7. Zum Schluss mit frischen Erdbeerscheiben und Limettenabrieb garnieren.

SCHOKOTRAUM-BROWNIES

leicht

25–30 Minuten (inklusive Backzeit) + 12 Stunden Ruhezeit

Du brauchst für 1 Blech:

1 Brownie-Backform oder 1 Backblech (30 x 40 cm), Backpapier

2 Tafeln à 80 g Karls Ostseesalz-Schokolade (dunkle Schokolade, 58 % Kakao)
1 Tafel à 80 g Karls Vollmilch-Erdbeerschokolade (davon 40 g klein hacken und zur Seite stellen)
4 Eier, Größe M
200 g Zucker
175 g Weizenmehl, Type 405
1 TL Backpulver
170 ml Öl (z.B. Sonnenblumenöl)
1 Prise Salz
3 EL Karls Kinder-Schokotraum-Schokoladenaufstrich
70 g gehackte Walnüsse oder Haselnüsse

Für das Topping:
400 g dunkle Kuvertüre
200 ml Milch
125 g Butter

1. Die gesamte Schokolade, bis auf 40 g von der Vollmilch-Erdbeerschokolade, im Wasserbad langsam schmelzen. Den Backofen auf 170°C Ober-/Unterhitze vorheizen.
2. Eier und Zucker mit dem Handrührgerät oder in der Küchenmaschine schaumig schlagen, bis sich der Zucker aufgelöst hat. Die abgekühlte geschmolzene Schokolade unterheben und das Öl bei laufendem Mixer langsam einfließen lassen. Mehl und Backpulver vermischen und sieben. Die durchgesiebte Mischung in die Schüssel auf den Teig geben und mit einem Teigschaber locker mit der Schokomasse vermengen, bis ein fluffiger, homogener Teig entstanden ist.
3. Salz, gehackte Schokolade, Kinder-Schokotraum und Walnüsse mit dem Teigschaber unter den Teig rühren und alles gut vermischen.
4. Die Brownie-Backform oder das Backblech mit Backpapier auslegen und den Teig gleichmäßig in der Form verteilen. Den Teig im vorgeheizten Ofen 15–20 Minuten backen. Nach der Backzeit die Brownies komplett auskühlen lassen.
5. Die Kuvertüre klein hacken. Die Milch zusammen mit der Butter langsam aufkochen und vom Herd nehmen. Nach und nach die Kuvertüre einrühren, bis sie geschmolzen ist. Das Ganze über die ausgekühlten Brownies geben und am besten über Nacht kalt stellen.

ERDBEER-CHEESECAKE

mittel   40 Minuten + mindestens 2–3 Stunden Kühlzeit

Du brauchst für 1 Kuchen:

1 Springform, ø 26 cm

Für den Boden:
150 g Butterkekse
50 g Karls Erdbeerkekse
80 g Butter
50 g weiße Schokolade

Für die Creme:
400 ml kalte Schlagsahne
250 g Mascarpone
300 g Frischkäse
80 g Zucker
1 Pck. Sofort-Gelatine

Für das Topping:
200 g frische Karls Erdbeeren
1 Pck. roter Tortenguss
2 EL Karls Erdbeer-Sahne-Zucker

Für die Deko:
frische Karls Erdbeeren
Minzeblätter
Mandelstifte

1. Die Butterkekse zusammen mit den Erdbeerkeksen in einen Gefrierbeutel geben, diesen verschließen und mit einem Nudelholz die Kekse zu ganz feinen Bröseln zerdrücken.
2. Die Butter in einem Topf schmelzen, die weiße Schokolade hinzufügen und auch langsam schmelzen lassen. Dann die Keksbrösel mit in den Topf geben, alles gut vermengen und anschließend in eine gefettete Springform kippen und mit einem Löffel fest andrücken. Den Boden zur Seite stellen.
3. Die Sahne steif schlagen. In einer weiteren Schüssel Mascarpone, Frischkäse, Zucker und Sofort-Gelatine miteinander vermischen. Die Sahne vorsichtig unter die Mascarponecreme heben und die Creme auf dem Keksboden verteilen und glatt streichen.
4. Erdbeeren putzen, in Scheiben schneiden und hübsch auf der Creme drapieren. Den Tortenguss nach Packungsanweisung zusammen mit 2 EL Erdbeer-Sahne-Zucker zubereiten und auf den Kuchen gießen.
5. Den Kuchen mindestens 2–3 Stunden durchkühlen lassen. Wahlweise den Kuchenteller mit weiteren frischen Erdbeeren, Minzeblättern und Mandelstiften dekorieren. Den Kuchen am besten noch kalt genießen.

ERDBEER-CUPCAKES

leicht 40–45 Minuten (inklusive Backzeit)

Du brauchst für 12 Cupcakes:

1 Muffinblech mit 12 Mulden, 12 Papierförmchen

Für den Teig:
150 g Zucker
2 Eier, Größe M
1 Pck. Vanillezucker
125 g weiche Butter
300 g Buttermilch
250 g Weizenmehl, Type 405
2 TL Backpulver
1 Prise Salz
12 Karls Erdbeerkekse

Für die Füllung:
12 TL Karls Erdbeertraum Vanille

Für das Frosting:
200 g weiche Butter
200 g Frischkäse, Zimmertemperatur
200 g Puderzucker

Deko:
Karls Erdbeer-Popcorn, frische Karls Erdbeeren und Karls Erdbeer-Sahne-Zucker

1. Den Backofen auf 170°C Ober-/Unterhitze vorheizen.
2. Zucker, Eier und Vanillezucker mit dem Handrührgerät oder der Küchenmaschine schaumig rühren. Die Butter zusammen mit der Buttermilch hinzugeben und alles gut vermengen. Mehl und Backpulver vermischen und sieben. Das durchgesiebte Mehl und das Salz zum Teig geben und untermischen.
3. Die Mulden des Muffinblechs mit Papierförmchen auslegen. In jede Form 1 Erdbeerkeks geben, darauf 1 EL Teig, dann 1 TL Erdbeertraum und das Ganze wieder mit 1 EL Teig bedecken.
4. Die Cupcakes im vorgeheizten Backofen 20–25 Minuten backen. Am Ende der Backzeit eine Stäbchenprobe machen. Bleibt noch Teig am Holzstäbchen kleben, die Backzeit ein wenig verlängern.
5. Nach dem Backen die Cupcakes vollständig auskühlen lassen.
6. Für das Frosting Butter und Frischkäse gut verrühren und den Puderzucker untermischen. Die Masse mit einem Messer oder mit einem Spritzbeutel auf den ausgekühlten Cupcakes verteilen. Die Cupcakes nach Wahl mit Erdbeer-Popcorn, Erdbeer-Sahne-Zucker oder frischen Erdbeeren verzieren.

ERDBEER-GRÜTZE-KUCHEN

mittel   50 Minuten (inklusive Backzeit) + Kühlzeit

Du brauchst für 1 Kuchen:

1 Backblech, Backpapier

Für den Boden:
5 Eier, Größe M
125 g Zucker
1 Prise Salz
125 g Weizenmehl, Type 405
10 g Speisestärke

Für die Grützeschicht:
2 Pck. Rote Grütze-Pulver, z.B. von Dr. Oetker
100 ml Wasser
3 Gläser Karls Erdbeer-Grütze à 360 g
6 EL Zucker

Für die Sahneschicht:
400 ml kalte Schlagsahne
2 Pck. Sahnesteif
2 EL Zucker
Vollkorn-Butterkekse zum Toppen

1. Den Backofen auf 170°C Ober-/Unterhitze vorheizen.
2. Eier trennen. Das Eiweiß in der Küchenmaschine oder mit dem Handrührgerät steif schlagen und beiseitestellen. Eigelb zusammen mit Zucker und Salz schaumig rühren. Mehl und Speisestärke vermischen und löffelweise unter Rühren unter die Eigelbmasse heben. Das steifgeschlagene Eiweiß mit einem Teigspatel vorsichtig unterheben. Sollte die Masse etwas zu trocken sein, etwas Milch hinzugeben.
3. Den Teig auf einem mit Backpapier ausgelegtem Backblech verteilen und im vorgeheizten Ofen 20 Minuten backen. Am Ende der Backzeit eine Stäbchenprobe machen. Bleibt noch Teig am Holzstäbchen kleben, die Backzeit ein wenig verlängern.Den Boden nach dem Backen vollständig auskühlen lassen.
4. Das Rote-Grütze-Pulver mit 100 ml Wasser verrühren. Karls Erdbeer-Grütze und Zucker in einen Topf geben und zum Kochen bringen. Das angerührte Pulver mit in den Topf geben und die Mischung nochmal aufkochen. Den Topf vom Herd nehmen und die Grütze etwas auskühlen lassen.
5. Die Grütze auf dem Biskuitboden verteilen und ebenfalls vollständig auskühlen lassen.
6. Die Sahne steif schlagen und über die Grütze geben. Auf der Sahneschicht die Butterkekse verteilen und fertig ist der Kuchen.

Biskuitrolle gefüllt mit
einer Erdbeer-Sahne-Creme
nach dem Rezept von Walli,
einer langjährigen Freun-
din der Familie Dahl.

ERDBEER-SAHNE-BISKUITROLLE

mittel 45 Minuten (inklusive Backzeit) + Kühlzeit

Du brauchst für 1 Biskuitrolle:

1 Backblech, Backpapier

3 Eier, Größe M
100 g Zucker
1 Pck. Vanillezucker
50 g Weizenmehl, Type 405
1 TL Backpulver
40 g Speisestärke
1 Prise Salz
250 ml kalte Schlagsahne
500 g frische Karls Erdbeeren
2 EL Karls Erdbeer-Sahne-Zucker
Puderzucker, zum Bestäuben
Minzeblätter, zum Garnieren

1. Den Backofen auf 175°C Ober-/Unterhitze vorheizen. Das Backblech mit Backpapier auslegen.
2. Die Eier trennen. Eigelb zusammen mit Zucker und Vanillezucker mit dem Handrührgerät oder in der Küchenmaschine schaumig rühren. Mehl, Backpulver und Speisestärke mischen und sieben. Die Mehlmischung unter Rühren langsam zur Eimasse dazugeben, sodass ein glatter Teig entsteht.
3. Das Eiweiß separat mit 1 ½ EL Wasser und Salz steif schlagen. Den Eischnee mit einem Teigschaber vorsichtig unter den Teig heben. Den Teig auf dem vorbereiteten Backblech gleichmäßig verteilen und im vorgeheizten Ofen 20 Minuten backen. Am Ende der Backzeit eine Stäbchenprobe machen. Bleibt noch Teig am Holzstäbchen kleben, die Backzeit ein wenig verlängern.
4. Ein Geschirrhandtuch anfeuchten und auf einer glatten Oberfläche ausbreiten. Den fertig gebackenen Boden darauf stürzen und auskühlen lassen.
5. Die Sahne steif schlagen und auf den ausgekühlten Boden geben. Die Erdbeeren putzen und klein schneiden. Die Erdbeerstücke zusammen mit dem Erdbeer-Sahne-Zucker auf der Sahne verteilen und den Teig mithilfe des Küchenhandtuchs aufrollen.
6. Die Erdbeerrolle für 2 Stunden oder über Nacht kalt stellen. Vor dem Servieren mit etwas Puderzucker bestäuben und in ca. 2 fingerbreite Stücke schneiden. Nach Belieben mit Minzeblättern garnieren.

ERDBEERBRAUSE-KUCHEN

leicht 30 Minuten (inklusive Backzeit) + mindestens 2 Stunden Kühlzeit

Du brauchst für 1 Kuchen:

1 Backblech, Backpapier

5 Eier, Größe M
250 g Zucker
350 g Weizenmehl, Type 405
1 Pck. Backpulver
125 ml neutrales Öl
100 ml Karls Erdbeerbrause

Für den Guss:
300 g Puderzucker
etwas Karls Erdbeer-Schmusi

Für die Deko:
Konfetti-Streusel, Karls Erdbeer-Popcorn oder Mini-Marshmallows, nach Belieben
Minzeblätter

1. Das Backblech fetten und den Ofen auf 180°C Ober-/Unterhitze vorheizen.
2. Eier und Zucker in einer Schüssel mit dem Handrührgerät oder in der Küchenmaschine schaumig schlagen. Mehl und Backpulver vermischen und sieben. Die durchgesiebte Mischung unter die Ei-Zucker-Masse rühren. Öl hinzugeben und zu einem glatten Teig verrühren. ⅓ vom Teig in eine separate Schüssel umfüllen und die Erdbeerbrause unterrühren.
3. Den hellen Teig auf das vorbereitete Backblech geben. Den roten Teig darüber geben und mit einer Gabel vermischen. So entsteht eine schöne Marmorierung. Den Kuchen im vorgeheizten Ofen ca. 20 Minuten goldgelb backen. Am Ende der Backzeit eine Stäbchenprobe machen. Bleibt noch Teig am Holzstäbchen kleben, die Backzeit ein wenig verlängern. Den Kuchen nach dem Backen vollständig auskühlen lassen.
4. Für den Guss Puderzucker mit so viel Erdbeer-Schmusi vermischen, dass eine glatte, streichfähige Paste entsteht. Dazu den Erdbeer-Schmusi langsam und esslöffelweise einrühren. Die Paste soll klumpenfrei sein.
5. Den Guss auf dem ausgekühlten Kuchen verstreichen und nach Belieben z.B. mit Konfetti-Streuseln, Popcorn, Mini-Marshmallows und Minzeblättern dekorieren. Den Kuchen für mindestens 2 Stunden kühl stellen.

WEISSER ERDBEERHÜGEL

mittel 45 Minuten (inklusive Backzeit) + 2 Stunden Kühlzeit

Du brauchst für 1 Kuchen:

1 Springform, ø 26 cm

Für den Teig:
3 Eier, Größe M
125 g weiche Butter
125 g Zucker
1 Prise Salz
50 ml Milch
150 g Weizenmehl, Type 405
½ Pck. Backpulver
50 g weiße Schokoladensplitter

Für die Füllung:
750 ml kalte Schlagsahne
3 Pck. Sahnesteif
20 g Zucker
50 g weiße Schokoladensplitter
4 EL Karls Erdbeertraum
200 g frische Karls Erdbeeren, geputzt, in Scheiben

1. Die Springform fetten und den Ofen auf 160°C Ober-/Unterhitze vorheizen.
2. Für den Teig Eier, Butter, Zucker und Salz mit einem Handrührgerät oder in der Küchenmaschine vermischen. Die Milch unterrühren. Mehl und Backpulver vermischen und sieben. Das durchgesiebte Mehl nach und nach bei laufendem Rührgerät untermengen. Die Schokoladensplitter mit einem Teigschaber unterheben.
3. Den Teig in die vorbereitete Springform geben und im vorgeheizten Ofen 20–25 Minuten backen. Am Ende der Backzeit eine Stäbchenprobe machen. Bleibt noch Teig am Holzstäbchen kleben, die Backzeit ein wenig verlängern. Den Tortenboden nach dem Backen komplett auskühlen lassen.
4. Für die Füllung Sahne, Sahnesteif und Zucker steif schlagen. Die Schokoladensplitter unter die aufgeschlagene Sahne heben und gut vermengen.
5. Den Tortenboden mit einem Löffel ca. 1 cm tief aushöhlen, bis ca. 1-2 cm vor dem Rand. Die ausgehöhlte Teigmasse in eine Schüssel geben und zerbröseln. Den ausgehöhlten Tortenboden mit Erdbeertraum bestreichen, in Scheiben geschnittene Erdbeeren darauf geben und mit der Sahne kuppelförmig bedecken. Den Hügel anschließend mit den Teigbröseln vollständig abdecken und für mindestens 2 Stunden kalt stellen.

KARLCHENS PARTYKUCHEN

leicht 60 Minuten (inklusive Backzeit)

Du brauchst für 1 Kuchen:

1 Backblech (30 x 40 cm),
Backpapier

Für den Teig:
4 Eier, Größe M
200 g Zucker
1 Pck. Vanillezucker
200 g weiche Butter
320 g Weizenmehl,
Type 405
½ Pck. Backpulver
5 EL Karls Erdbeersirup

Für das 1. Topping:
2 Pck. Puddingpulver
(Vanillegeschmack)
800 ml Milch
6 EL Zucker

Für das 2. Topping:
800 ml kalte Schlagsahne
4 Pck. Sahnesteif oder
8 EL San Apart
3 Pck. Vanillezucker

außerdem zum Verzieren:
Butterkekse
weiße Kuvertüre
125 g Puderzucker
etwas Karls Erdbeer-Schmusi
bunte Streusel
Karls Erdbeer-Popcorn
Karls Gummibeeren

1. Den Backofen auf 170°C Ober-/Unterhitze vorheizen. Das Backblech mit Backpapier auslegen.
2. Eier zusammen mit Zucker, Vanillezucker und Butter mit einem Handrührgerät oder in der Küchenmaschine schaumig rühren. Mehl und Backpulver mischen und sieben. Bei laufendem Rührgerät die Mehlmischung sowie den Erdbeersirup löffelweise unterheben. Den Teig auf das vorbereitete Backblech geben und im vorgeheizten Ofen 15–20 Minuten backen. Am Ende der Backzeit eine Stäbchenprobe machen. Bleibt noch Teig am Holzstäbchen kleben, die Backzeit ein wenig verlängern.
3. Den Boden nach dem Backen aus dem Ofen nehmen und komplett auskühlen lassen.
4. Für das 1. Topping das Puddingpulver mit Milch und Zucker nach Packungsanweisung zubereiten und auskühlen lassen.
5. Für das 2. Topping die Sahne zusammen mit Sahnesteif und Vanillezucker steif schlagen.
6. Auf dem ausgekühlten Boden zunächst den Pudding gleichmäßig verteilen. Anschließend die Sahne gleichmäßig auf der Puddingschicht verteilen. Nun die ganze Sahnefläche mit Butterkeksen bedecken. Die Kekse nach Belieben mit geschmolzener Kuvertüre, Zuckerguss (angerührt aus Puderzucker und Erdbeer-Schmusi), Streuseln, Popcorn, Gummibeeren oder weiteren bunten Süßigkeiten verzieren.

Erdbeer
MARZIPAN

ERDBEER-MARZIPAN-STREUSELKUCHEN

leicht 1 Stunde (inklusive Backzeit)

Du brauchst für 1 Kuchen:

1 Backblech, Backpapier

Für den Teig:
200 g Zucker
4 Eier, Größe M
200 g Weizenmehl, Type 405
1 TL Backpulver

Für die Streusel:
250 g kalte Butter
200 g Zucker
400 g Weizenmehl, Type 405
60 g Karls Erdbeer-Sahne-Zucker

Für die Füllung:
2–3 Äpfel
200 g Karls Erdbeer-Marzipan-Fruchtaufstrich

1. Den Backofen auf 170°C Ober-/Unterhitze vorheizen. Das Backblech mit Backpapier auslegen.
2. Für den Teig Zucker und Eier mit einem Handrührgerät oder in der Küchenmaschine schaumig schlagen. Mehl und Backpulver vermischen, sieben und unter die Ei-Masse rühren. Den Teig auf dem vorbereiteten Backblech gleichmäßig verteilen.
3. Für die Streusel Butter, Zucker, Mehl und Erdbeer-Sahne-Zucker mit den Händen zu krümeligen Streuseln verkneten und die Schüssel bis zur weiteren Verarbeitung in den Kühlschrank stellen.
4. Für die Füllung die Äpfel schälen, entkernen und in kleine Stücke schneiden. Die Apfelstücke gemeinsam mit dem Erdbeer-Fruchtaufstrich auf dem Teig verteilen. Dabei den Fruchtaufstrich mit einem Esslöffel in Klecksen auf den Kuchen geben.
5. Den Streuselteig aus dem Kühlschrank nehmen und die Streusel gleichmäßig über den Kuchen krümeln. Den Kuchen für 20–25 Minuten im vorgeheizten Ofen backen. Am Ende der Backzeit eine Stäbchenprobe machen. Bleibt noch Teig am Holzstäbchen kleben, die Backzeit ein wenig verlängern. Anschließend auskühlen lassen und genießen.

WEISSE ERDBEER-SCHOKOLADENTARTE

mittel   45 Minuten (inklusive Backzeit) + Kühlzeit

Du brauchst für 1 Tarte:

1 Tarteform, ø 28 cm, Backpapier, Frischhaltefolie

Für den Mürbeteig:
100 g weiche Butter
70 g Puderzucker
1 Prise Salz
1 Ei, Größe M
200 g Weizenmehl, Type 405
2 EL gemahlene Mandeln

Für die Füllung:
200 g Karls eingeweckte Erdbeeren
50 g Zucker
1 Prise Salz
3 EL Karls Erdbeersirup
1 Pck. Agartine
70 ml Saft von den eingeweckten Erdbeeren

Für die Schokoladencreme:
300 g gehackte weiße Schokolade
150 g Mascarpone, Zimmertemperatur
100 g Frischkäse, Zimmertemperatur

Für die Deko:
Zitronen- und Limettenzesten und Scheiben Minzeblätter

1. Für den Teig Butter und Zucker mit dem Handrührgerät oder in der Küchenmaschine zu einer cremigen Masse verrühren. Salz und Ei hinzufügen und gut verrühren. Dann das Mehl und die gemahlenen Mandeln hinzufügen und zu einem homogenen Teig verkneten. Den Teig nochmal kurz mit den Händen durchkneten und in Frischhaltefolie wickeln. Anschließend für 30 Minuten im Kühlschrank ruhen lassen.
2. In der Zwischenzeit die Tarteform fetten und den Ofen auf 170°C Ober-/Unterhitze vorheizen.
3. Den Teig nach der Kühlzeit ausrollen und die Tarteform damit auskleiden. Den Boden mit einer Gabel mehrfach einstechen, mit Backpapier bedecken und für ca. 10–15 Minuten backen. Den Boden anschließend aus dem Ofen nehmen und auskühlen lassen.
4. Abgetropfte, eingeweckte Erdbeeren, Zucker, Salz und Erdbeersirup in einem Topf aufkochen lassen und dann mit einem Pürierstab pürieren. Die Agartine mit 70 ml Saft von den eingeweckten Erdbeeren verrühren, zur pürierten Erdbeermasse geben und nochmal für 2 Minuten aufkochen lassen. Die Erdbeermasse auf dem Tarteboden verteilen und auskühlen lassen.
5. Für die Schokoladencreme die Schokolade im Wasserbad schmelzen. Die Schüssel aus dem Wasserbad nehmen und Mascarpone und Frischkäse mit einem Schneebesen unterrühren. Die Schokoladencreme auf die ausgekühlte Erdbeermasse geben und die Tarte für mindestens 2 Stunden, besser über Nacht, kalt stellen. Mit Zitronen- und Limettenzesten, Zitronen- und Limettenscheiben und Minzeblättern dekorieren.

ERDBEER-JOGHURT-STREUSELKUCHEN

leicht

1 Stunde 10–20 Minuten (inklusive Backzeit) + mindestens 2 Stunden Kühlzeit

Du brauchst für 1 Kuchen:

1 Backblech, Backpapier, Frischhaltefolie

Für den Teig und die Streusel:
100 g Zucker
5 Eigelb, Größe M
250 g kalte Butter
2 TL Backpulver
450 g Weizenmehl, Type 405

Für die Füllung:
800 g Karls Erdbeer-Joghurt
250 g Quark, 40 % Fett
200 g Zucker
3 EL Speisestärke
5 Eiweiß, Größe M

Für die Deko:
frische Karls Erdbeeren und Blaubeeren
Minzeblätter
Puderzucker
Mandelsplitter

1. Das Backblech mit Backpapier auslegen und den Ofen auf 170°C Ober-/Unterhitze vorheizen.
2. Den Zucker zusammen mit dem Eigelb mit dem Handrührgerät oder in der Küchenmaschine schaumig rühren. Die Butter in Flocken dazugeben und mit den Knethaken hinzufügen. Backpulver und Mehl vermischen, sieben und zum Teig geben. Den Teig nun kurz mit den Händen durchkneten, in 2 gleich große Stücke teilen und die eine Hälfte in Frischhaltefolie verpackt in den Kühlschrank legen. Die andere Hälfte auf dem vorbereiteten Backblech verteilen und den Teig mit einer Gabel mehrfach einstechen. Den Teig im vorgeheizten Ofen ca. 15 Minuten backen, bis der Teig leicht goldbraun ist. Anschließend den Boden etwas auskühlen lassen. Den Ofen auf 160°C Ober-/Unterhitze einstellen.
3. Karls Erdbeer-Joghurt in einer Schüssel mit dem Quark vermengen. Zucker und Stärke hinzugeben und alles gut miteinander verrühren. In einem separaten Gefäß das Eiweiß steif schlagen und dann unter die Joghurtmasse heben. Die Masse nun auf den ausgekühlten Boden geben.
4. Den restlichen Teig aus dem Kühlschrank holen und kleine Flocken abreißen. Diese gleichmäßig auf der Joghurtmasse verteilen. Den Kuchen dann nochmal für 40–50 Minuten backen. Am Ende der Backzeit eine Stäbchenprobe machen. Bleibt noch Teig am Holzstäbchen kleben, die Backzeit ein wenig verlängern. Anschließend auskühlen lassen und dann nochmal für mindestens 2 Stunden in den Kühlschrank geben (am besten über Nacht). Mit Deko nach Wahl garnieren.

TORTEN

FRIESEN-TORTE MIT PFLAUMENMUS

mittel — 45 Minuten (inklusive Backzeit) + Kühlzeiten

Du brauchst für 1 Torte:

3 Springformen, ø 26 cm oder so viele, wie man zu Hause hat, Backpapier, Spritzbeutel

Für den Knetteig:
250 g Weizenmehl, Type 405
10 g Backpulver
20 g Karls „Sandsack" Teezucker (alternativ Vanillezucker)
150 g Saure Sahne
175 g weiche Butter
75 g Zucker

Für die Streusel:
100 g kalte Butter
75 g Zucker
10 g Karls „Sandsack" Teezucker
150 g Weizenmehl, Type 405
1 TL Zimt

Für die Füllung:
800 ml kalte Schlagsahne
40 g Karls „Sandsack" Teezucker
40 g Sahnesteif
450 g Karls Pflaumenmus
etwas Puderzucker zum Bestäuben

1. Die 3 Springformen einfetten oder mit Backpapier auskleiden. Den Backofen auf 180°C Umluft vorheizen.
2. Alle Zutaten für den Knetteig in eine Schüssel geben und mit den Händen zu einem schönen und geschmeidigen Teig verarbeiten.
3. Diesen Teig in 3 gleich große Teile teilen und den Boden der einzelnen Springformen damit auskleiden.
4. Für die Streusel alle Zutaten mit den Händen zu einer schönen Masse verarbeiten und über die 3 Böden zerkrümeln und verteilen. Die Böden nun im vorgeheizten Backofen 15–20 Minuten backen. Wenn weniger als 3 Springformen vorhanden sind, die Böden nacheinander backen.
5. Die fertigen Böden sofort aus der Springform und vom Springformboden lösen, 2 davon beiseitelegen und gut auskühlen lassen.
6. Den noch heißen Boden mit einem Tortenteiler in 12 Tortenstücke teilen oder gegebenenfalls mit einem scharfen Messer zerteilen.
7. Für die Füllung Sahne zusammen mit Teezucker und Sahnesteif gut aufschlagen und in einen Spritzbeutel füllen.
8. Die 2 noch ganzen und ausgekühlten Böden mit ordentlich Pflaumenmus bestreichen.
9. An den Rand der beiden ganzen Böden mit dem Spritzbeutel jeweils 12 dicke Sahnetupfen setzen, die restliche Sahne in die Mitte der Böden spritzen und gut verteilen.

). Die beiden Böden aufeinandersetzen und die geschnittenen Bodenstücke jeweils schräg auf einen Sahnetupfen legen.

. Vor dem Servieren nur noch etwas Puderzucker auf die Torte streuen, wahlweise einige Kleckse Pflaumenmus oben draufgeben und genießen.

ERDBEER-KÄSE-SAHNE-TORTE

mittel 50 Minuten (inklusive Backzeit) + Kühlzeit

Du brauchst für 1 Torte:

1 Springform, ø 26 cm, Backpapier, Tortenuntersetzer, Tortenring

Für den Boden:
120 g Weizenmehl, Type 405
1 Pck. Backpulver
3 Eier, Größe M
120 g Zucker

Für den Belag:
600 ml kalte Schlagsahne
20 g Sahnesteif
1 kg frische Karls Erdbeeren
400 g Quark, 40 % Fett
70 g Zucker
20 g Vanillezucker
25 g Gelatine, gemahlen, weiß

Für die Deko:
1 Pck. Karls Erdbeerkekse, nach Belieben
weiße Raspelschokolade, nach Belieben

1. Den Backofen auf 180°C Umluft vorheizen. Die Springform mit Backpapier auslegen.
2. Mehl und Backpulver gut miteinander vermengen und vorerst beiseitestellen. Die Eier zusammen mit dem Zucker mit einem Handrührgerät oder in der Küchenmaschine schaumig aufschlagen, bis sich der Zucker komplett aufgelöst hat. Anschließend die Mehlmischung mit einem Teigspatel vorsichtig unterheben. Den Teig gleichmäßig in die vorbereitete Backform geben und im vorgeheizten Ofen 20–25 Minuten backen. Am Ende der Backzeit eine Stäbchenprobe machen. Bleibt noch Teig am Holzstäbchen kleben, die Backzeit ein wenig verlängern. Danach den Boden gut abkühlen lassen, aus der Backform nehmen und für die weitere Verarbeitung bereitstellen.
3. Den fertigen, ausgekühlten Boden auf einen Tortenuntersetzer legen und mit einem Tortenring versehen.
4. Für den Belag Sahne zusammen mit Sahnesteif aufschlagen und kühl stellen. Alle Erdbeeren putzen und 500 g Erdbeeren fein pürieren. Die restlichen 500 g Erdbeeren halbieren und mit der geschnittenen Seite auf den Tortenboden, nach außen an den Tortenring, stellen.
5. Quark, Zucker, Vanillezucker und Erdbeerpüree in einer Schüssel gut verrühren. Die Gelatine nach Packungsanweisung mit kaltem Wasser anrühren und quellen lassen. Anschließend die Masse in einem kleinen Topf unter Rühren kurz aufkochen lassen. Die heiße und noch flüssige Gelatine schnell in die Erdbeer-Quark-Masse einarbeiten und 400 g geschlagene Sahne vorsichtig unterheben. Anschließend die Masse auf den vorbereiteten Boden geben und kühl stellen.
6. Wenn alles schön fest geworden ist, kann die Torte aus dem Ring gelöst werden und wahlweise mit der restlichen geschlagenen Sahne, grob zerdrückten Erdbeerkeksen oder weißer Raspelschokolade dekoriert werden.

„KARLCHEN & SEINE FREUNDE"-TORTE

Du brauchst für 1 Torte:

6 Springformen, ø 26 cm oder so viele, wie man zu Hause hat

Für die Böden:
8 Eier, Größe M
300 g Zucker
100 ml Milch
150 ml Sprudelwasser
300 ml Pflanzenöl
550 g Weizenmehl, Type 405
1 Pck. Backpulver
1 TL geriebene Zitronenschale
6 Sorten Lebensmittelfarbe, flüssig

Für die Creme:
500 g Mascarpone
400 g Frischkäse
100 g Puderzucker
50 g Vanillezucker
300 ml Schlagsahne

Für die Deko:
1 Glas Karls Erdbeermarmelade à 420 g, glattgerührt
bunte Streusel
versch. Sorten Karls Popcorn
14 Schoko-Lollis „Karlchen"
Schokoriegel

schwer

30 Minuten + jeweilige Backzeit von 15–20 Minuten

1. Den Backofen auf 170°C Umluft vorheizen und die Springformen einfetten.
2. Eier und Zucker in einer Küchenmaschine oder mit dem Handrührgerät weißschaumig aufschlagen. Milch, Sprudelwasser und Pflanzenöl unter die Ei-Zucker-Masse rühren.
3. Mehl, Backpulver und Zitronenabrieb über die Ei-Zucker-Masse sieben und vorsichtig unterheben. Den Teig in 6 gleichgroße Portionen teilen und mit den jeweiligen Lebensmittelfarben vermischen.
4. Diese eingefärbten Teige in einzelne vorbereitete Springformen füllen und im vorgeheizten Ofen 15–20 Minuten backen. Wenn man keine 6 Springformen zur Verfügung hat, dann die Teige nacheinander abarbeiten. An dieser Stelle mehrere Backrunden einplanen. Am Ende der Backzeit eine Stäbchenprobe machen. Bleibt noch Teig am Holzstäbchen kleben, die Backzeit ein wenig verlängern. Die Böden aus dem Ofen nehmen und komplett auskühlen lassen.
5. Für die Creme Mascarpone, Frischkäse, Puderzucker und Vanillezucker zusammen in einer Schüssel glattrühren. Die Sahne steif schlagen und unter die Creme heben.
6. Die vorbereiteten Böden dünn mit Erdbeermarmelade und der Creme bestreichen und die Böden übereinanderschichten.
7. Die geschichtete Torte von außen ebenfalls mit der Creme bestreichen und oben mit der glattgerührten Erdbeermarmelade einstreichen. Mit bunten Streuseln, Popcorn, Schokoriegeln und Karlchen-Lollis dekorieren.

ERDBEER-NAKED-CAKE-TORTE

schwer 45 Minuten (inklusive Backzeit)

Du brauchst für 1 Torte:

3 Springformen, ø 26 cm oder so viele, wie man zu Hause hat , 2 Spritzbeutel

Für 3 Böden:
330 g Weizenmehl, Type 405
330 g Zucker
9 Eier, Größe M
3 TL Backpulver

Für die Creme:
1 kg frische Karls Erdbeeren
1 Tüte (20 g) Karls Erdbeer-Snack (gefriergetrocknete Erdbeeren)
600 g Frischkäse
150 g Puderzucker
600 ml kalte Schlagsahne
40 g Sahnesteif
250 g frische Blaubeeren

Für die Deko:
Raspelschokolade, dunkel und weiß, nach Belieben

1. Für die Böden den Backofen auf 180°C Umluft vorheizen, 3 Springformen vorbereiten und gut einfetten.
2. Alle Zutaten für die Böden in eine Schüssel geben und mit einem Handrührgerät oder in der Küchenmaschine gut aufschlagen. Anschließend die Masse auf die 3 Springformen verteilen und im vorgeheizten Ofen 15–20 Minuten backen. Wenn nur 1 Springform vorhanden ist oder der Ofen keine Umluftfunktion hat, die Böden nacheinander backen. Am Ende der Backzeit eine Stäbchenprobe machen. Bleibt noch Teig am Holzstäbchen kleben, die Backzeit ein wenig verlängern.
3. Die frischen Erdbeeren putzen, vierteln und bis zur weiteren Verarbeitung beiseitestellen. Die gefriergetrockneten Erdbeeren (Karls Erdbeer-Snack) im Mixer zu feinem Pulver verarbeiten. 1 EL davon für die Deko beiseitestellen.
4. Frischkäse und Puderzucker in eine Schüssel geben und mit dem Handrührgerät glattrühren. Sahne zusammen mit Sahnesteif aufschlagen und in kleinen Portionen nach und nach unter die Frischkäsemasse geben. Die fertige Masse halbieren und unter die eine Hälfte das Erdbeerpulver rühren. Nun die 2 Massen in 2 Spritzbeutel füllen und versetzt auf die ersten beiden Böden spritzen.
5. Die Erdbeeren und Heidelbeeren gleichmäßig darauf verteilen. Beide Böden nun aufeinandersetzen, den dritten als Deckschicht oben draufsetzen und mit der restlichen Creme verzieren. Natürlich dürfen da auch noch zum Schluss ganz viele Erdbeeren und Heidelbeeren drauf. Mit dem beiseitegestellten Erdbeerpulver und Raspelschokolade verzieren.

SCHOKOTRAUM-TORTE

Du brauchst für 1 Torte:

1 Springform, ø 26 cm,
Tortenuntersetzer,
Tortenring

Für den Boden:
100 g Weizenmehl, Type 405
20 g Backkakao
40 g gemahlene Haselnüsse
1 Pck. Backpulver
3 Eier, Größe M
120 g Zucker

Für den Belag:
400 ml kalte Schlagsahne
20 g Sahnesteif
450 g Karls Kinder-Schokotraum-Schokoladenaufstrich (2 Gläser à 225 g)
400 g Schmand
50 g Zucker
20 g Vanillezucker
20 g Gelatine, gemahlen, weiß

Für die Ganache:
200 g Zartbitterschokolade
200 ml Schlagsahne

Für die Deko:
100 g Zucker
50 g ganze Haselnusskerne
50 g gehackte Mandeln
Schokoröllchen zum Bestreuen, nach Belieben

mittel

55 Minuten (inklusive Backzeit) + Kühlzeiten

1. Den Backofen auf 180°C Umluft vorheizen. Die Springform vorbereiten und einfetten.
2. Mehl, Kakao, gemahlene Haselnüsse und Backpulver gut miteinander vermengen und vorerst zur Seite stellen. Eier zusammen mit Zucker mit einem Handrührgerät oder in der Küchenmaschine schaumig aufschlagen, bis sich der Zucker komplett aufgelöst hat. Anschließend die Mehlmischung vorsichtig unterheben, alles gleichmäßig in die vorbereitete Backform geben und im vorgeheizten Ofen 20–25 Minuten backen. Am Ende der Backzeit eine Stäbchenprobe machen. Bleibt noch Teig am Holzstäbchen kleben, die Backzeit ein wenig verlängern. Danach den Boden gut abkühlen lassen, aus der Backform nehmen und für die weitere Verarbeitung bereitstellen.
3. Den fertigen Boden auf einen Tortenuntersetzer legen und mit einem Tortenring versehen.
4. Für den Belag Sahne zusammen mit Sahnesteif aufschlagen und kühl stellen. Die 2 Gläser Kinder-Schokotraum in einem heißen Wasserbad oder in der Mikrowelle verflüssigen.
5. Schmand, Zucker, Vanillezucker und den flüssigen Kinder-Schokotraum in einer Schüssel gut verrühren, so dass es eine glatte Masse ergibt. Die Gelatine nach Packungsanweisung mit Wasser verrühren und quellen lassen. Anschließend die Gelatine-Mischung in einem kleinen Topf unter Rühren kurz aufkochen lassen. Die heiße und noch flüssige Gelatine schnell in die Schokoladen-Schmand-Masse einarbeiten und die geschlagene Sahne vorsichtig unterheben. Anschließend die Masse auf den vorbereiteten Boden geben und kühl stellen.

Für die Ganache die Zartbitterschokolade mit einem Messer fein zerhacken und in eine Rührschüssel geben. Anschließend die Sahne in einem kleinen Topf kurz aufkochen lassen. Sahne über die Schokolade geben und mit einem Kochlöffel oder Schneebesen durchrühren, bis keine Stückchen mehr übrig sind. Etwas abkühlen lassen und die noch flüssige Ganache auf die Torte geben und verteilen.

7. Für die Deko den Zucker mit 5 EL Wasser in einem Topf aufkochen lassen. Haselnüsse und gehackte Mandeln in die Zuckerlösung geben und unter Rühren karamellisieren lassen. Die karamellisierten Nüsse auf ein mit Backpapier ausgelegtes Blech geben und abkühlen lassen.
8. Wenn alles schön fest geworden ist, kann die Torte aus dem Ring gelöst werden und mit Nusskrokant und Schokoröllchen dekoriert werden.

TOFFEE-TORTE

schwer

45 Minuten (inklusive Backzeit) + mindestens 5 Stunden Kühlzeit

Du brauchst für 1 Torte:

2 Springformen, 1 x 24 cm ø, 1 x 28 cm ø, Tortenplatte, Tortenring

Für den 1. Tortenboden (hell):

3 Eier, Größe M
113 g Zucker
113 g Weizenmehl, Type 405
1 TL Backpulver
1 Handvoll Haselnusskrokant

Für den 2. Tortenboden (dunkel):

3 Eier, Größe M
100 g Zucker
75 g Weizenmehl, Type 405
1 EL Backkakao
1 TL Backpulver

Für das Toffee/ die Karamellsauce:

200 g Zucker
70 g kalte Butter
300 ml Schlagsahne

Für die Creme:

600 ml Schlagsahne
350 g Schmand
70 g Zucker
17 g Gelatine, gemahlen, weiß
250 g Toffee (siehe oben)

außerdem:

Karls Erdbeer-Sahne-Kaffeelikör, nach Belieben

1. Für die Böden den Ofen auf 180°C Umluft vorheizen, die Springformen einfetten.
2. Für den hellen Boden Eier und Zucker in eine Schüssel geben. Mehl und Backpulver vermischen und sieben. Die gesiebte Mehl-Backpulver-Mischung zu Eiern und Zucker dazugeben, mit dem Handrührgerät oder in der Küchenmaschine miteinander verrühren und nur ganz leicht aufschlagen. In der größeren Springform das Haselnusskrokant verteilen und den hellen Teig darauf geben.
3. Für den dunklen Boden Eier und Zucker in eine Schüssel geben. Mehl, Kakao und Backpulver vermischen und sieben. Die gesiebte Mehl-Mischung zu den Eiern und dem Zucker dazugeben, mit dem Handrührgerät oder in der Küchenmaschine miteinander verrühren und nur ganz leicht aufschlagen. Den Teig in die vorbereitete kleinere Springform geben. Beide Springformen in den Ofen geben und für ca. 15–20 Minuten im vorgeheizten Ofen backen. Am Ende der Backzeit eine Stäbchenprobe machen. Bleibt noch Teig am Holzstäbchen kleben, die Backzeit ein wenig verlängern. Wenn der Ofen keine Umluftfunktion hat, die Böden nacheinander backen.
4. Nach dem Backen die Böden aus den Formen lösen, abkühlen lassen und zur weiteren Verarbeitung beiseitelegen.
5. Für das Toffee zunächst in einem kleinen Topf Zucker karamellisieren. Dafür den Herd auf mittlere Stufe stellen und den Zucker unter mehrmaligem Rühren auflösen, bis er goldbraun ist. Die Butter und die Sahne dazugeben und einmal aufkochen lassen. Die Mischung in ein hitzebeständiges Gefäß geben und auskühlen lassen. Für die weitere Verwendung zur Seite stellen.

Den ausgekühlten hellen Boden auf eine Tortenplatte/Untersetzer geben und mit einem Tortenring versehen. Den dunklen Boden einmal umdrehen und mit dem Erdbeer-Sahne-Kaffeelikör tränken.

Für die Creme die Sahne steif schlagen, Schmand und Zucker in einer Schüssel glattrühren. In die Schmand-Masse 250 g vom Toffee geben und alles gut verrühren. Die Gelatine nach Packungsanweisung mit 6 EL Wasser quellen lassen und dann auf dem Herd unter Rühren bei mittlerer Hitze auflösen. Die aufgelöste Gelatine unter die Schmand-Toffee-Masse geben. Die geschlagene Sahne vorsichtig unterheben und fertig ist die Toffee-Creme.

8. ⅔ der Toffee-Creme werden nun zügig auf dem hellen Boden verteilt. Mittig auf der Creme wird der getränkte dunkle Boden positioniert, mit der getränkten Seite nach oben, und vorsichtig mit der flachen Hand oder einem Topf in die Masse gedrückt. Anschließend den Rest der Toffee-Creme oben drauf verteilen und glatt streichen. Das übriggebliebene Toffee zur Verzierung auf die Torte geben und glatt streichen. Die Torte für mindestens 5 Stunden, am besten über Nacht, kalt stellen.

9. Wer möchte, kann die fertige Torte mit Sahnetuffs, Toffee und Haselnusskrokant dekorieren.

ERDBEER-MILCHREIS-TORTE

mittel   60 Minuten (inklusive Backzeit) + Kühlzeiten

Du brauchst für 1 Torte:

1 Springform, ø 26 cm

Für die Milchreisschicht:
750 ml Milch
1 Prise Salz
100 g Karls Erdbeer-Sahne-Zucker
150 g Milchreis
4 Blatt Gelatine
400 g kalte Schlagsahne

Für den Boden:
3 Eier, Größe M
120 g Zucker
120 g Weizenmehl, Type 405
1 EL Backpulver

Für das Topping:
200 g frische Karls Erdbeeren
1 Pck. roter Tortenguss
100 ml Karls Erdbeer-Schmusi

1. Den Backofen auf 180°C Ober-/Unterhitze vorheizen. Die Springform einfetten.
2. Die Milch in einem Topf zum Kochen bringen und Salz und Erdbeer-Sahne-Zucker hinzugeben. Den Milchreis einrühren und einmal kurz aufkochen lassen. Den Milchreis bei geringer Hitze mindestens 30 Minuten köcheln lassen. Dabei immer wieder umrühren. Die Gelatine nach Packungsanweisung in kaltem Wasser einweichen.
3. In der Zwischenzeit Eier und Zucker mit dem Handrührgerät oder der Küchenmaschine schaumig schlagen. Mehl und Backpulver vermischen und portionsweise bei laufendem Rührgerät unter die Ei-Zucker-Masse geben. Den Teig in die vorbereitete Springform füllen und im vorgeheizten Backofen 20 Minuten backen. Am Ende der Backzeit eine Stäbchenprobe machen. Bleibt noch Teig am Holzstäbchen kleben, die Backzeit ein wenig verlängern. Den Boden anschließend auskühlen lassen.
4. Nach der Einweichzeit die Gelatine gut ausdrücken und zum noch kochenden Milchreis geben. Den Milchreis gut verrühren, damit sich die Gelatine auflöst. Den fertigen Milchreis abkühlen lassen.
5. Die Sahne steif schlagen und unter die abgekühlte Milchreismasse heben. Die Masse gleichmäßig auf dem Boden verteilen. Die Erdbeeren putzen und in Scheiben schneiden. Die Erdbeerscheiben dekorativ auf der Torte verteilen.
6. Den Tortenguss nach Packungsanweisung zubereiten und dabei 100 ml Flüssigkeit durch Karls Erdbeer-Schmusi ersetzen. Den Tortenguss noch warm über die Erdbeeren geben. Die Torte über Nacht im Kühlschrank fest werden lassen.

ERDBEER-MOHN-TORTE

mittel   35–40 Minuten (inklusive Backzeit) + Abkühlzeit

Du brauchst für 1 Torte:

1 Springform, ø 26 cm, Backpapier

Für den Teig:
4 Eier, Größe M
2 EL heißes Wasser
80 g Zucker
125 g Weizenmehl, Type 405
2 TL Backpulver
125 g Blaumohn

Für die Creme:
200 ml kalte Schlagsahne
400 g Naturjoghurt, 3,8 % Fett
3 EL Zucker
½ Beutel Sofort-Gelatine
250 g frische Karls Erdbeeren

1. Den Backofen auf 170°C Ober-/Unterhitze vorheizen. Die Springform mit Backpapier auslegen.
2. Die Eier mit dem heißen Wasser mit einem Handrührgerät oder in der Küchenmaschine ca. 1 Minute schaumig schlagen. Den Zucker unter Rühren langsam hinzugeben und kräftig für 3 Minuten weiter schlagen.
3. Mehl und Backpulver vermischen und sieben. Das Mehl vorsichtig zu der Eimasse hinzugeben. Anschließend ebenfalls den Mohn mit unterheben. Den Teig in die vorbereitete Springform geben und 20–25 Minuten backen. Am Ende der Backzeit eine Stäbchenprobe machen. Bleibt noch Teig am Holzstäbchen kleben, die Backzeit ein wenig verlängern. Den Boden nach dem Backen auskühlen lassen.
4. Für die Creme die Sahne steif schlagen. In einer weiteren Schüssel Joghurt, Zucker und Sofort-Gelatine vermengen. Die Sahne unterheben.
5. Die Creme auf dem ausgekühlten Tortenboden gleichmäßig verteilen. Die Erdbeeren putzen und in Scheiben schneiden. Die Erdbeerscheiben dekorativ auf der Torte drapieren.

TIPP: Die Torte mit unserem Erdbeer-Sahne-Zucker bestreuen, für einen extra Hingucker und noch mehr Geschmack!

ERDBEERTORTE

mittel | 45 Minuten (inklusive Backzeit) + Kühlzeiten

Du brauchst für 1 Torte:

1 Springform, ø 26 cm

Für den Biskuitboden:
4 Eier, Größe M
120 g Zucker
1 Pck. Vanillezucker
150 g Weizenmehl, Type 405
1 Prise Backpulver
1 Prise Salz

Für die Erdbeer-Schicht:
1 Glas Karls eingeweckte Erdbeeren à 950 g
2 Pck. Gelatine, gemahlen, weiß
1 Tonkabohne

Für die Frischkäse-Creme:
200 g Frischkäse
100 g Puderzucker
100 g kalte Schlagsahne

Für die Deko:
weiße Schokoladenspäne
Minze

1. Den Ofen auf 180°C Umluft vorheizen.
2. Für den Biskuitboden die Eier trennen. Das Eiweiß in einer Küchenmaschine oder mit dem Handrührgerät steif schlagen und gegebenenfalls in eine separate Schüssel umfüllen. Eigelb zusammen mit Zucker und Vanillezucker in einer zweiten Schüssel mit dem Handrührgerät oder in der Küchenmaschine schaumig rühren. Die Eigelbmasse vorsichtig unter den Eischnee heben. Mehl, Backpulver und Salz mischen und in die Schüssel zur Eimasse sieben.
3. Die Springform fetten und den Teig in die Form füllen. Den Boden im vorgeheizten Ofen 15–20 Minuten backen. Am Ende der Backzeit eine Stäbchenprobe machen. Bleibt noch Teig am Holzstäbchen kleben, die Backzeit ein wenig verlängern. Den Boden nach dem Backen auskühlen lassen.
4. In der Zwischenzeit die eingeweckten Karls Erdbeeren pürieren. Die Gelatine nach Packungsanweisung mit kaltem Wasser anrühren und quellen lassen. Das Erdbeerpüree in einen Topf geben und mit der Tonkabohne erwärmen. Die gequollene Gelatine mit einem Schneebesen gründlich in das Püree einrühren und einmal aufkochen lassen. Das Püree vom Herd nehmen, die Tonkabohne entfernen und abkühlen lassen.
5. Für die Frischkäse-Creme Frischkäse und Puderzucker in einer Schüssel verrühren. Die Sahne steif schlagen und unter die Frischkäsecreme heben.
6. Wenn der Biskuitboden ausgekühlt ist, die Frischkäse-Creme auf den Kuchen geben und glatt streichen. Anschließend die Erdbeermasse vorsichtig drauf gießen. Die Torte dann über Nacht fest werden lassen. Nach Belieben mit weißen Schokoladenspänen und Minze dekoriert servieren.

VEGANE SCHOKO-ERDBEER-TORTE

schwer

50 Minuten (inklusive Backzeit) + Kühlzeiten

Du brauchst für 1 Torte:

1 Springform, ø 26 cm, Tortenring

Für den Teig:
200 g Zucker
285 ml Mineralwasser
70 ml Sonnenblumenöl
1 Pck. Backpulver
1 Pck. Vanillezucker
260 g Weizenmehl, Type 405
2 ½ EL Backkakao

Für die Füllung:
350 g frische Karls Erdbeeren (8 Erdbeerviertel zur Seite legen)
30 ml Karls Erdbeer-Sirup
150 ml Wasser
1 Pck. Agartine oder
2 EL Stärke

Für die Creme:
600 ml kalte vegane Sahne (gesüßt)
6 EL San Apart oder
6 Pck. Sahnesteif

außerdem:
vegane Raspelschokolade, zartbitter oder
1 Tafel vegane Zartbitterschokolade, geraspelt

1. Den Backofen auf 180°C Ober-/Unterhitze vorheizen und die Springform einfetten.
2. Für den Teig Zucker, Mineralwasser, Öl, Backpulver, Vanillezucker, Mehl und Backkakao mit dem Handrührgerät oder in einer Küchenmaschine zu einem geschmeidigen Teig verrühren. Den Teig in die vorbereitete Springform geben und gleichmäßig verteilen. Den Kuchen im vorgeheizten Ofen 15–20 Minuten backen.
3. Am Ende der Backzeit eine Stäbchenprobe machen. Dafür einen Holzspieß nehmen und in den Boden stecken. Bleibt noch Teig am Stäbchen kleben, die Backzeit ein wenig verlängern. Es ist wichtig, dass der Kuchen komplett durchgebacken ist. Den fertig gebackenen Kuchen aus der Form nehmen und abkühlen lassen.
4. Für die Füllung die frischen Erdbeeren putzen. Die Erdbeeren mit Erdbeer-Sirup und 100 ml Wasser aufkochen und 5 Minuten bei geringer Hitze köcheln lassen. Die Agartine in 50 ml kaltem Wasser nach Packungsanweisung auflösen und unter die kochende Masse rühren. Die Erdbeeren 2 Minuten weiter köcheln lassen und zur Seite stellen.
5. Für die Creme die Sahne mit San Apart oder Sahnesteif steif schlagen und im Kühlschrank kalt stellen.
6. Den erkalteten Tortenboden aus der Form lösen und vorsichtig in der Mitte quer halbieren, sodass 2 Böden entstehen. Um einen Tortenbo-

den einen Tortenring oder den Springformring legen. Die lauwarme Erdbeermasse auf dem Boden gleichmäßig verteilen und auskühlen lassen.

Ca. ⅔ der Sahne auf der ausgekühlten Erdbeermasse verteilen und glatt streichen. Nun den 2. Tortenboden drauflegen und leicht andrücken. Die restliche Sahne und den Kuchen für 2 Stunden kalt stellen, damit er fest wird.

8. Nach 2 Stunden den Kuchen vorsichtig aus der Form lösen und mit einem breiten Messer die restliche Sahne auf und um den Kuchen verteilen und glatt streichen. Den Kuchenrand mit den Schokoraspeln bedecken. Anschließend die Erdbeerviertel gleichmäßig auf der Torte drapieren und nach Belieben mit weiteren Sahnetuffs dekorieren.

ERDBEER-KUPPELTORTE

schwer — 1 Stunde (inklusive Backzeit) + mindestens 3 Stunden Kühlzeit

Du brauchst für 1 Torte:

1 Springform, ø 26 cm, Frischhaltefolie, Schüssel

Für den Teig:
3 Eier, Größe M
60 g Zucker
3 EL Milch
100 g Weizenmehl, Type 405
75 g gemahlene Mandeln
1 TL Backpulver
1 Prise Salz

Für die Creme:
100 ml Karls Erdbeer-Sirup
500 g Karls Erdbeer-Joghurt
2 Pck. Agartine (für 2 x 500 g Masse)
500 g Magerquark
40 g Karls Erdbeer-Sahne-Zucker

außerdem:
500 g frische Karls Erdbeeren + 2 zum Garnieren
1–2 EL Karls Erdbeer in Honig (Honig mit Erdbeergeschmack)
weiße Raspelschokolade, zum Garnieren
Minzeblätter, zum Garnieren

1. Die Springform fetten und den Backofen auf 170°C Ober-/Unterhitze vorheizen.
2. Für den Teig die Eier trennen und das Eiweiß beiseitestellen. Eigelb mit Zucker und Milch mit einem Handrührgerät oder in der Küchenmaschine schaumig schlagen. Mehl, Mandeln und Backpulver hinzugeben und gut miteinander vermengen. Eiweiß mit Salz steif schlagen und mit einem Teigschaber vorsichtig unter den Teig heben. Den fertigen Teig in die vorbereitete Springform füllen und ca. 20 Minuten im vorgeheizten Ofen backen. Am Ende der Backzeit eine Stäbchenprobe machen. Bleibt noch Teig am Holzstäbchen kleben, die Backzeit ein wenig verlängern.
3. Den Boden anschließend aus dem Ofen nehmen und vollständig auskühlen lassen.
4. Die Erdbeeren putzen und einen Teil in dünne Scheiben schneiden. Eine Schüssel mit Frischhaltefolie auslegen und die Erdbeeren an der Schüsselwand so auslegen, dass sie sich berühren, aber nicht überlappen. Die restlichen Erdbeeren klein schneiden.
5. Erdbeersirup und 100 g Erdbeer-Joghurt in einen Topf geben, die Agartine einrühren und die Mischung aufkochen lassen. Den Magerquark in eine große Schüssel geben, den restlichen Joghurt und die abgekühlte Gelatine-Masse hinzugeben und alles mit dem Handrührgerät oder in der Küchenmaschine vermengen. Die restlichen Erdbeeren und Erdbeer-Sahne-Zucker mit dem Teigschaber unterheben.

Die Schüssel mit den ausgelegten Erdbeeren zu ⅔ mit der Creme füllen und die Creme bis zum Schüsselrand hoch verstreichen. Den Boden quer halbieren. Vom oberen Boden einen ca. 3–4 cm breiten Rand rundherum abschneiden. Den abgeschnittenen Rand zur Seite legen.

Den jetzt kleineren Boden in die Schüssel auf die Creme legen und festdrücken. Auf dem Boden Karls Erdbeer in Honig verstreichen und die restliche Creme darauf geben. Nun den 2. großen Boden auf die Creme legen und gut andrücken. Die Schüssel für mindestens 3 Stunden kalt stellen.

8. Vor dem Servieren eventuell am Kuchenboden überstehende Erdbeeren vorsichtig mit einem Messer abschneiden. Einen Teller auf die Schüssel legen und die Torte nun langsam, aber sicher stürzen. Die Folie entfernen und den Anblick genießen. Vor dem Servieren nach Belieben mit weißer Raspelschokolade, frischen Erdbeervierteln und Minzeblättern garnieren.

DESSERTS

ERDBEER-SCHICHTDESSERT ZWEIERLEI VARIATIONEN

mittel 30 Minuten + Kühlzeit

Du brauchst für 10 kleine Gläser:

Für die Panna Cotta:
500 ml Schlagsahne
1 Tonkabohne oder Vanilleschote
40 g Zucker
25 g Karls Erdbeer-Sahne-Zucker
1 Pck. Gelatine, gemahlen, weiß (für 500 ml Flüssigkeit)

Für die weiße Schokoladen-Creme:
200 g weiße Schokolade
200 g Naturjoghurt, 3,8 % Fett, Zimmertemperatur
200 ml Schlagsahne

Für die Keksbrösel:
100 g Vollkorn-Butterkekse
100 g Karls Heidesandkekse oder
100 g Karls Erdbeerkekse

zusätzlich 1 Handvoll frische Karls Erdbeeren

1. Für die Panna Cotta die Sahne in einen Topf geben und zusammen mit einer Tonkabohne oder alternativ einer Vanilleschote, dem Zucker und dem Erdbeer-Sahne-Zucker unter Rühren langsam erwärmen. Die Gelatine nach Packungsanweisung anrühren und quellen lassen. Die aufgequollene Gelatine zur Sahne-Mischung geben und mit dem Schneebesen gut vermischen. Die Sahne-Mischung einmal aufkochen lassen und vom Herd nehmen. Die Panna Cotta etwas abkühlen lassen und die Tonkabohne oder die Vanilleschote entfernen. 4 Gläser bis zur Hälfte füllen und für mindestens 2 Stunden (besser über Nacht) kalt stellen.
2. Für die weiße Schokoladen-Creme die Schokolade in einem Wasserbad zum Schmelzen bringen. Den Joghurt in eine Schüssel füllen und die abgekühlte geschmolzene Schokolade langsam einrühren. Die Sahne steif schlagen und vorsichtig unterheben. Die Creme zu einem Viertel in die restlichen 6 Gläser geben. Erdbeeren putzen und kleinschneiden und über der Creme verteilen. Die Erdbeeren mit einer weiteren Schicht Creme toppen. Die Gläser für mindestens 2 Stunden kalt stellen.
3. Die Erdbeer-Sauce Variante 1 oder 2 erst kurz vor dem Servieren anfertigen. Für Variante 1 die Erdbeeren putzen und klein schneiden. Die kleingeschnittenen Erdbeeren mit Zucker und Wasser in einen Topf geben und 5–10 Minuten köcheln lassen. Die Sauce anschließend pürieren.
4. Für die Erdbeer-Sauce Variante 2 Karls Erdbeertraum, Wasser und Stärke in einem Topf aufkochen.

Für die Erdbeer-Sauce Variante 1:
250 g frische Karls Erdbeeren
25 g Karls Erdbeer-Sahne-Zucker
3 EL Wasser

Für die Erdbeer-Sauce Variante 2:
2 EL Karls Erdbeertraum (Erdbeermarmelade)
200 ml Wasser
5 g Speisestärke

Die Sauce kurz abkühlen lassen. Vollkorn-Butterkekse und Heidesandkekse oder Erdbeerkekse in einen Gefrierbeutel geben und grob zerbröseln. Die zerbröselten Kekse auf allen Gläsern verteilen. Die Erdbeersauce warm kurz vor dem Servieren über das kalte Schichtdessert geben.

ERDBEER-WACKELPUDDING

mittel 10 Minuten + Quell- und Kühlzeit

Du brauchst für 3 große Gläser:

500 ml Erdbeersaft (von Karls eingeweckten Erdbeeren)
5 Blätter Gelatine
Vanillesauce oder Eierlikör zum Servieren

1. Die eingeweckten Erdbeeren abtropfen lassen und den Saft dabei auffangen. Die Gelatine nach Packungsanweisung in kaltem Wasser einweichen.
2. Die Gelatine gut ausdrücken und mit dem Erdbeersaft in einem Topf aufkochen lassen. Die aufgekochte Mischung in die Gläser füllen und abkühlen lassen. Mit Vanillesauce oder Eierlikör servieren. Lecker!

ERDBEER-QUARK-DESSERT

leicht 5 Minuten

Du brauchst für 1 großes Glas:

250 ml kalte Schlagsahne
150 g Quark, 40 % Fett
1 TL Vanillezucker
2 TL Zucker
3 Karls Erdbeerkekse
2 frische Karls Erdbeeren
1 Blatt Minze
Schokospäne, zum Bestreuen

1. Die Sahne steif schlagen. Quark, Sahne, Vanillezucker und Zucker verrühren und 5 Minuten ziehen lassen.
2. Die Erdbeerkekse zerbröseln und die Erdbeeren putzen und halbieren.
3. Zum Anrichten die halbierten Erdbeeren mit der Schnittfläche nach außen auf den Boden eines Glases legen. ²/₃ der Erdbeerkeksbrösel einfüllen, den Quark darauf geben, mit restlichen Keksbröseln, einem Minzeblatt und Schokospänen dekorieren und servieren.

ERDBEER-TIRAMISU

leicht 20 Minuten + mindestens 2 Stunden Kühlzeit

Du brauchst für 1 kleine Auflaufform:

200 g Löffelbiskuit
200 ml Milch
500 g frische Karls Erdbeeren, geputzt, in Scheiben
500 g Mascarpone
250 g Quark, 40 % Fett
70 g Zucker
200 ml kalte Schlagsahne
1 Pck. Sahnesteif
50 g weiße Raspelschokolade
1 Handvoll Karls Erdbeer-Sahne-Zucker
1 Flasche Karls Erdbeer-Dessertsauce à 150 ml

1. Den Löffelbiskuit in einer kleinen Auflaufform verteilen, sodass der Boden mit einer kompletten Lage bedeckt ist. Die Milch nach und nach mit einem Esslöffel über die einzelnen Löffelbiskuit-Stangen träufeln, so dass sie aufgesogen wird.
2. Auf dem Löffelbiskuit eine Schicht Erdbeerscheiben verteilen. Mascarpone, Quark und Zucker in einer Schüssel miteinander verrühren. Die Sahne mit Sahnesteif steif schlagen und vorsichtig unter die Mascarpone-Creme heben.
3. Nun die Hälfte der Creme auf den Erdbeeren in der Auflaufform verteilen, den Rest beiseitestellen. Die nächste Schicht Löffelbiskuit in die Auflaufform geben, wieder mit Milch tränken, Erdbeeren darauf schichten und mit einer weiteren Mascarpone-Schicht bedecken.
4. Anschließend das Tiramisu mit ein paar Erdbeerscheiben dekorieren, mit der weißen Raspelschokolade komplett bedecken und mit Erdbeer-Sahne-Zucker bestreuen.
5. Das Tiramisu dann für mindestens 2 Stunden (besser über Nacht) kalt stellen und vor dem Servieren mit Erdbeer-Dessertsauce begießen.

HAUPTSPEISEN

ERDBEER-DRESSING

leicht 5 Minuten

Du brauchst für 1 Salat:

4 große frische Karls Erdbeeren
1 TL Salz
2 TL Zucker
1 EL Karls Erdbeer-Balsam-Essig
Karls Landöl
Salat nach Wahl

1. Erdbeeren putzen und mit Salz, Zucker, Balsam-Essig und Öl in einen großen Messbecher geben. Die Mischung fein pürieren. Salatmischung nach Wahl zubereiten und das Dressing über den Salat träufeln. Servieren.

Karls
Schoko
TRAUM

ERDBEER-PFANNKUCHEN-SPIESSE

leicht 10 Minuten + Quellzeit

Du brauchst für 6 Mini-Pfannkuchen:

2 Holzspieße
100 g Weizenmehl, Type 405
1 Ei, Größe M
1 Prise Salz
150 ml Karls Erdbeernektar
Butter für die Pfanne
6 EL Karls Schokotraum
8 frische Karls Erdbeeren

1. Mehl, Ei, Salz und Erdbeernektar zu einem glatten Teig verrühren und 10 Minuten quellen lassen.
2. In einer heißen Pfanne Butter zerlassen und 3 kleine Kellen Teig hineingeben. Zu Pfannkuchen ausbacken und aus dem restlichen Teig 3 weitere Mini-Pfannkuchen backen.
3. Die Minipfannkuchen jeweils mit 1 EL Karls Schokotraum bestreichen und in der Mitte zusammenklappen. Auf die 2 Spieße jeweils 3 zusammengeklappte Pfannkuchen und 3 Erdbeeren aufspießen.

GEHEIMTIPP: WEISSEN SPARGEL RICHTIG BLANCHIEREN!

Wasser in einen Topf geben, mit Salz, Zucker und Zitrone abschmecken und zum Kochen bringen. Den weißen Spargel gründlich schälen. Wenn das Wasser kocht, die Herdplatte auf niedrige Stufe drehen und den Spargel im heißen Sud ca. 6–8 Minuten ziehen lassen. Nach der Zeit prüfen, ob der Spargel gegart, aber noch bissfest ist. Den Spargel in der Reihenfolge von den dünnen zu den dicken Stangen aus dem Wasser nehmen.

WARMER ERDBEER-SPARGEL-SALAT AN SÜSSER ACAPULCO-PUTENBRUST

TIPP: Auch ohne Putenbrust, mit einem Baguette dazu, schmeckt der Salat einfach köstlich. Wer mag, kann ihn noch mit zerbröseltem Feta, Pinienkernen und Balsamico verfeinern.

mittel · 20–30 Minuten

Du brauchst für 2 Portionen:

Für den Salat:
250 g frische Karls Erdbeeren
5–8 weiße Spargelstangen
8–10 grüne Spargelstangen
1 guter Schluck Karls Chardonnay
Salz, Zucker, Pfeffer
100 g Rucola

Für die Honig-Butter-Mischung:
50 g Butter
25 g Karls bester MV-Honig

Für die Marinade:
½ TL Salz
2 TL Zucker
1 EL Karls Erdbeer-Balsam-Essig
1–2 EL Karls Chardonnay
1–2 TL Karls Acapulco-Dip
Karls Landöl, nach Bedarf
Butter zum Braten
400 g Putenbrust

1. Erdbeeren putzen, Stiele entfernen und klein schneiden.
2. Den weißen Spargel blanchieren. (Noch nie gemacht? Der Geheimtipp auf Seite 78 verrät wie es geht!)
3. Den grünen Spargel nur an den Enden schälen und in ca. 2 cm lange Stücke schneiden. Butter in der Pfanne erhitzen und grünen Spargel kurz darin anschwenken. Mit Chardonnay, Salz, Zucker und Pfeffer ablöschen. Dann den Spargel 5 Minuten im Sud ziehen lassen.
4. Für die Honig-Butter-Mischung die Butter in einer Pfanne schmelzen und mit dem Honig verrühren. Alle Zutaten für die Marinade vermischen und nach Bedarf Wasser und Karls Landöl dazugeben, um die gewünschte Konsistenz zu erhalten. Die Putenbrust leicht mit der Honig-Butter-Mischung und der Marinade einreiben, anschließend von jeder Seite 5–7 Minuten anbraten.
5. Fertig gekochten und leicht abgekühlten weißen Spargel in ca. 2 cm lange Stücke schneiden. Weißen und grünen Spargel in eine Schüssel geben und mit Erdbeeren, Rucola und restlicher Marinade vermischen.
6. Putenbrust aufschneiden. Salat auf Teller geben und die Putenbrust dazureichen.
7. Den fertigen Salat mit Karls Chardonnay servieren.

ERDBEER-WRAP-PARADE

leicht — je 5–15 Minuten pro Wrap-Art

Du brauchst für die Wrap-Party 4 Wraps (pro Sorte 1), in Scheiben geschnitten

Für den Frühstücks-Wrap:
100 g Frischkäse
30 g Knuspermüsli
Karls Erdbeer-Snack, nach Belieben
1 Tortilla-Fladen
50 g frische Karls Erdbeeren, geputzt, in Scheiben geschnitten
optional: Honig und Basilikum

Für den pikanten Erdbeer-Wrap:
1 Tortilla-Fladen
100 g Karls pikanter Erdbeer-Aufstrich
3 Kopfsalatblätter, in feine Streifen geschnitten
50 g Hähnchenfiletstreifen, fertig gebraten – optional mit Karls Acapulco-Dip mariniert

1. FRÜHSTÜCKS-WRAP MIT ERDBEEREN UND KNUSPERMÜSLI:

Die Tortilla-Fladen aus der Packung nehmen und nach Packungsanweisung erwärmen. Frischkäse, Müsli und getrocknete Erdbeeren in einer Schüssel zu einer cremigen Masse verrühren. Die Creme auf dem erwärmten Fladen verteilen und mit frischen Erdbeerscheiben bedecken. Den Wrap zusammenrollen, in dicke Scheiben schneiden und servieren.
Tipp: Wer es süß mag, kann die Wraps mit Honig verfeinern. Gewürzfreunde können frischen Basilikum über die Wraps streuen.

2. PIKANTER ERDBEER-WRAP:

Die Tortilla-Fladen aus der Packung nehmen und nach Packungsanweisung erwärmen. Den erwärmten Tortilla-Fladen mit dem pikanten Erdbeer-Aufstrich bestreichen und die Kopfsalatstreifen darauf verteilen. Die gebratenen Hähnchenfiletstreifen auf dem Fladen verteilen, zusammenrollen, in Scheiben schneiden und genießen.

Fortsetzung der Wrap-Parade auf Seite 82

FORTSETZUNG ERDBEER-WRAP-PARADE

Du brauchst für die Wrap-Party, 4 Wraps (pro Sorte 1), in Scheiben geschnitten

Für den frischen Erdbeer-Wrap:
1 Tortilla-Fladen
2 EL Karls Erdbeer-Balsam-Essig
100 g Frischkäse
50 g frische Karls Erdbeeren, geputzt, in Scheiben geschnitten
3 Kopfsalatblätter, in feine Streifen geschnitten

Für den Kinder-Schokotraum-Wrap mit Erdbeeren:
1 Tortilla-Fladen
100 g Karls Kinder-Schokotraum-Schokoladenaufstrich
50 g frische Karls Erdbeeren, geputzt, in Scheiben
Karls Erdbeer-Snack, nach Belieben

3. FRISCHER ERDBEER-WRAP:

Die Tortilla-Fladen aus der Packung nehmen und nach Packungsanweisung erwärmen. Den erwärmten Fladen leicht mit Karls Erdbeer-Balsam-Essig einreiben und mit Frischkäse bestreichen. Die Erdbeeren putzen und in Scheiben schneiden, die Salatblätter in feine Streifen schneiden. Erdbeerscheiben und Salatstreifen auf dem Fladen verteilen, zusammenrollen, in Scheiben schneiden und servieren.

4. KINDER-SCHOKOTRAUM-WRAP MIT ERDBEEREN:

Die Tortilla-Fladen aus der Packung nehmen und nach Packungsanweisung erwärmen. Den erwärmten Fladen mit dem Kinder-Schokotraum bestreichen und mit frischen Erdbeerscheiben belegen. Für den extra Crunch-Effekt ein wenig Karls Erdbeer-Snack darüberstreuen. Den Wrap aufrollen, in Scheiben schneiden und genießen.

GETRÄNKETIPP:

Dazu empfehlen wir: Erdbeer-Sahne-Kaffee, Erdbeer-Brause, Erdbeer-Porter oder eine heiße Schokolade mit Karls Kinder-Schokotraum.

AZTEKEN
PFEFFER

STEAK IN ERDBEER-PORTER-MARINADE

leicht   30 Minuten + 24 Stunden Ruhezeit

Du brauchst für 500–1000g Steak:

1 Zwiebel
1–2 Chilischoten, je nach Geschmack und Stärke
Karls Landöl
1 Flasche Erdbeer-Porter à 500 ml
1 Glas Karls Erdbeer-Chutney à 225 g
2 EL brauner Rohrzucker
2 TL Salz
500–1000 g Rindersteak
Meersalz
Karls Aztekenpfeffer

1. Zwiebel schälen, halbieren und fein würfeln. Chilischote waschen, halbieren, entkernen und fein würfeln. Landöl in einer Pfanne erhitzen und Zwiebel und Chili darin anschwitzen. Die Mischung mit Erdbeer-Porter ablöschen und das Erdbeer-Chutney einrühren. Das Ganze aufkochen lassen und dann die Hitze etwas reduzieren. Die Mischung 15–20 Minuten leicht köchelnd einkochen lassen.
2. Die Marinade anschließend abkühlen lassen. Das Fleisch in eine verschließbare Dose geben und die abgekühlte Marinade über das Fleisch gießen. Das Fleisch im Kühlschrank 24 Stunden in der Marinade ziehen lassen.
3. Das Steak am nächsten Tag anbraten oder grillen. Die restliche Marinade in einem Topf erhitzen und als Sauce zum Steak reichen. Das Steak mit Meersalz und Karls Aztekenpfeffer würzen, in Scheiben schneiden und servieren.

Hausgemachte
KARLS CHIPS
SOUR CREAM

ERDBEER-SALSA

leicht 15 Minuten

Du brauchst für 4 Portionen:

400 g frische Karls Erdbeeren
100 g Zwiebel
100 g Mango
½ Chilischote
3 TL Zitronensaft
3 EL Mangosaft
2 TL Salz
3 TL Rohrzucker
Karls Hausgemachte Chips

1. Die Erdbeeren putzen und kleinschneiden. Die Zwiebel schälen und würfeln. Die Mango schälen und entkernen. Mango würfeln. Die Chilischote entkernen und in Ringe schneiden.
2. Erdbeeren, Zwiebel, Mango und Chili in eine Schüssel geben und mit Zitronensaft, Mangosaft, Salz und Rohrzucker vermischen. Die Salsa ein wenig ziehen lassen und genießen, z.B. zu Kartoffelchips.

Karls
Kinder-
Besteck
Karls
selbständig
essen lernen

MOTIV-NUDELN MIT TOMATENSAUCE

leicht 20 Minuten

Du brauchst für 4 Portionen:

1 kleine Zwiebel
600 g stückige Tomaten aus der Dose
150 g Frischkäse
Salz & Pfeffer
1 Prise Zucker
1 EL Pflanzenöl
400 g Karls Motiv-Nudeln „Erdbeere"

1. Die Zwiebel würfeln. Das Öl in einem Topf erhitzen und die Zwiebelwürfel darin glasig dünsten. Die stückigen Tomaten samt Saft in den Topf dazugeben, mit Salz, Pfeffer und Zucker abschmecken und die Sauce 15 Minuten köcheln lassen.
2. Die Nudeln nach Packungsanweisung in einem Topf mit kochendem Wasser zubereiten.
3. Zum Schluss den Frischkäse in die Sauce einrühren und die Sauce über die Nudeln geben. Servieren.

TIPP: Folgende Motiv-Nudeln in 500 g-Tüten gibt's bei uns im Shop: Knolli, Karlchen, Raupi, Erdbeere

BISKUITRÖLLCHEN VOM GRILL

leicht 15 Minuten

Du brauchst für 6 Biskuitröllchen:

6 frische Karls Erdbeeren
2 EL Quark, 40 % Fett
2 TL Zucker
6 Scheiben Toast ohne Rinde
2 Eier, Größe M
brauner Rohrzucker

1. Die Erdbeeren putzen und klein schneiden. Die Erdbeeren mit einer Gabel zerdrücken. Die Erdbeeren unter den Quark heben und mit 2 EL Zucker verrühren.
2. Von den Toastbrotscheiben die Rinde entfernen. Die Toastbrotscheiben mit dem Nudelholz glatt rollen. Jeweils mit Erdbeerquark bestreichen und aufrollen.
3. Die Eier auf einem flachen Teller verquirlen und den Rohrzucker auf einen weiteren Teller geben. Die Toastbrotrollen zuerst in Ei und dann in Zucker wälzen. Auf dem Grill oder einer Grillpfanne kross grillen.

ERDBEER-BURGER

leicht 20 Minuten

Du brauchst für 2 Portionen:

2 Hähnchenbrüste à ca. 160 g
Salz & Pfeffer
etwas Olivenöl
2 Vollkornbrötchen
2 Bund Rucola
4 Scheiben Gewürzgurken

Für die Erdbeeren:
200 g frische Karls Erdbeeren
Salz & Pfeffer
2 EL Olivenöl

Für die Mayonnaise:
1 Ei, Größe M
1 TL mittelscharfer Senf
150 ml Pflanzenöl
2 EL Walnüsse, gehackt
Salz & Pfeffer

1. Das Hähnchenfleisch mit Salz und Pfeffer würzen. Die Erdbeeren vom Strunk befreien, in Scheiben schneiden und in einer Schüssel mit Salz, Pfeffer und Olivenöl würzen.
2. Für die Mayonnaise das Ei mit einem Stabmixer schaumig aufschlagen. Senf dazugeben, das Öl unter ständigem Rühren einfließen lassen. Die gehackten Nüsse hinzugeben und die Mayonnaise mit Salz und Pfeffer abschmecken.
3. Öl in einer Pfanne erhitzen. Das Hähnchenfleisch von beiden Seiten goldbraun anbraten. Die Burger-Brötchen aufbacken.
4. Den Rucola waschen und mit Salz, Pfeffer und Olivenöl würzen. Jetzt den Burger mit Mayonnaise bestreichen und dann mit Erdbeeren, Gewürzgurkenscheiben, Rucola und Hähnchenbrust belegen. Die obere Brötchenhälfte mit der restlichen Mayonnaise bestreichen und die Burger genießen.

TIPP: Burger können immer mit den eigenen Lieblingszutaten belegt werden. Ob Tomatenscheiben, Zwiebelringe, Käse – alles was ihr wollt, kann mit drauf.

ERDBEERFLAMMKUCHEN

leicht 30 Minuten (inklusive Backzeit)

Du brauchst für 1 Flammkuchen:

1 Backblech, Backpapier
1 EL Karls Bruschetta Gewürzzubereitung
140 g Ziegenfrischkäse
225 g frische Karls Erdbeeren
80 ml Karls Erdbeer-Balsam-Essig
1 fertiger Flammkuchen-teig (350 g)
250 g geriebener Mozzarella
Salz & Pfeffer
20 g geröstete Pinienkerne
1 Handvoll Rucola

1. Den Backofen auf 220°C Ober-/Unterhitze vorheizen und das Backblech mit Backpapier auslegen oder das Papier vom fertigen Teig verwenden, wenn vorhanden.
2. Das Bruschetta-Gewürz mit etwas Wasser anrühren und kurz ziehen lassen. Anschließend das Bruschetta-Gewürz mit dem Frischkäse vermengen. Die Erdbeeren putzen und in Scheiben schneiden.
3. Erdbeer-Balsam-Essig und 50 g Erdbeerscheiben in einem Topf aufkochen und 10 Minuten köcheln lassen. Anschließend pürieren.
4. Den Flammkuchenteig auf dem Backblech ausrollen und mit dem Ziegenfrischkäse bestreichen. Die pürierte Balsamico-Sauce darüber geben und mit Mozzarella toppen. Den Flammkuchen im vorgeheizten Ofen 15–20 Minuten knusprig backen.
5. Den Flammkuchen aus dem Ofen nehmen und mit Salz und Pfeffer würzen. Mit Erdbeerscheiben, gerösteten Pinienkernen und Rucola servieren.

SANDWICH MIT WEDGES

leicht 40 Minuten (inklusive Backzeit)

Du brauchst für 2 Portionen:

1 Backblech, Backpapier
10 Drillingskartoffeln, halbiert
2–3 EL Olivenöl
Meersalz
4 Blätter Eisbergsalat
4 Scheiben Karls Erdbeerbrot
2 EL Mayonnaise
neutrales Öl zum Braten
1 Hähnchenbrust à 200 g
Salz, Pfeffer
2 EL Karls pikanter Erdbeer-Aufstrich

1. Den Backofen auf 180°C Umluft vorheizen. Das Backblech mit Backpapier auslegen. Die Kartoffeln gründlich waschen und halbieren.
2. Die Kartoffeln auf dem vorbereiteten Blech verteilen, mit Öl beträufeln und salzen. Im vorgeheizten Ofen 20 Minuten backen.
3. Den Salat putzen und in Streifen schneiden. 2 Brotscheiben mit Mayonnaise bestreichen.
4. Die Hähnchenbrust mit Salz und Pfeffer würzen. In einer Pfanne Öl erhitzen und darin die Hähnchenbrust durchbraten.
5. Die fertig gebratene Hähnchenbrust in Scheiben schneiden. Erst die Salatstreifen und dann die Hähnchenbrust auf den Sandwiches verteilen. Jeweils 1 EL pikanten Fruchtaufstrich oben drauf geben und mit der zweiten Brotscheibe bedecken.
6. Die Sandwiches mit den Kartoffelwedges servieren.

PIKANTE ERDBEER-PIZZA

leicht 15 Minuten (inklusive Backzeit)

Du brauchst für 2–3 Portionen:

1 Backblech, Backpapier

1 Rolle fertiger Pizzateig aus dem Kühlregal
120 g Karls pikanter Erdbeer-Aufstrich
125 g Ziegenweichkäse (Rolle)
30 g Pinienkerne
1 Bund Rucola
4 frische Karls Erdbeeren
150 g Parmaschinken (entfällt bei vegetarischer Variante)
einige Spritzer Karls Erdbeer-Balsam-Essig

1. Den Ofen auf 220°C Ober-/Unterhitze vorheizen und ein Backblech mit Backpapier auslegen.
2. Den Pizzateig auf dem Backblech auslegen und mit dem pikanten Erdbeerdip bestreichen.
3. Den Ziegenkäse (oder Käse nach Wahl) in Scheiben schneiden und auf der Pizza verteilen.
4. Die Pizza 8–10 Minuten im vorgeheizten Ofen nach Wunschbräune backen.
5. Währenddessen die Pinienkerne ohne Öl in einer Pfanne anrösten.
6. Rucola und Erdbeeren waschen. Rucola abtropfen und Erdbeeren in Scheiben schneiden.
7. Fertig gebackene Pizza mit Rucola und Erdbeeren nach Wunsch belegen. Die Reihenfolge kann nach Belieben erfolgen. Vorsichtig wenige Spritzer Karls Erdbeer-Balsam-Essig über die Pizzen verteilen und auf Wunsch noch mit Parmaschinken belegen.
8. Schmecken lassen!

SÜSS-WÜRZIGER ERDBEER-AUFLAUF

leicht 30 Minuten (inklusive Backzeit)

Du brauchst für 4–6 Portionen:

1 Auflaufform

500 g frische Karls Erdbeeren
2 Bananen
4 EL Karls Erdbeer-Balsam-Essig
½ Glas Karls eingeweckte Erdbeeren (abgetropft, ca. 300–400 g Erdbeeren)
2 Prisen grünen Pfeffer
1 ½ Prisen Salz
2 Eier, Größe M
4 EL brauner Rohrzucker
200 g Quark, 40 % Fett
100 ml Schlagsahne
Karls Schokolade, geraspelt, nach Belieben

1. Frische Erdbeeren putzen und mit den geschälten Bananen in dünne Scheiben schneiden. Beides in eine Schüssel geben und 2 EL Karls Erdbeer-Balsam-Essig leicht unterheben.
2. Karls eingeweckte Erdbeeren abtropfen lassen und zusammen mit grünem Pfeffer, 2 EL Karls Erdbeer-Balsam-Essig und ½ Prise Salz in einen hohen Rührbecher geben. Mit einem Stabmixer pürieren.
3. Die frischen Früchte in einer Auflaufform verteilen und mit dem Erdbeerpüree bedecken. Den Backofen auf 225°C Ober-/Unterhitze vorheizen.
4. Die Eier trennen und das Eiweiß mit 1 Prise Salz in einer Küchenmaschine oder mit einem Handmixer steif schlagen und umfüllen.
5. Das Eigelb mit dem braunen Rohrzucker in der Küchenmaschine oder mit einem Handmixer schaumig rühren, dann Quark und Sahne mit einrühren.
6. Den Eischnee vorsichtig unter die Eimasse heben. Den so entstandenen Teig über der Fruchtmasse verteilen und anschließend im vorgeheizten Ofen bei 225°C Ober-/Unterhitze 6–8 Minuten (je nach Größe der Auflaufform) goldbraun backen.
7. Der Auflauf kann heiß oder kalt serviert werden. Ausgekühlt kann der Auflauf noch mit geraspelter Karls Schokolade verziert und verfeinert werden. Das steigert noch einmal den Geschmack.

SERVIERVORSCHLAG: Als würzig-süße Beilage kann der Auflauf auch zu angebratener Putenbrust serviert werden, die ihr in Karls Knoblauch-Paniermehl panieren könnt.

GETRÄNKE

ERDBEER-MOJITO

leicht 5 Minuten

Du brauchst für 2 Gläser:

Limettensaft von 1 Bio-Limette
2 Spritzer Karls Erdbeersirup (wer es süßer mag, auch gerne mehr)
8 cl Karls Erdbeer-Limes
Karls Erdbeernektar
Eiswürfel oder Crushed Ice
frische Karls Erdbeeren und Minze zur Deko

1. Limette vierteln und den Saft von je 2 Limettenvierteln in ein Glas auspressen. Jeweils 1 Limettenviertel mit ins Glas geben. Erdbeersirup dazugeben und ca. 4 EL Crushed Ice oder Eiswürfel drüber geben.
2. Jeweils 4 cl Erdbeer-Limes in die Gläser geben und den Rest des Glases mit Erdbeernektar auffüllen. Mit frischen Erdbeeren und Minze dekorieren und servieren.

ERDBEER-BOWLE

leicht 5 Minuten

Du brauchst für 1 Bowle:

1 Bowle-Schale oder Schüssel & 1 Kelle

500 g frische Karls Erdbeeren, geputzt, halbiert
200 ml Karls Erdbeer-Limes
1 Flasche Karls Erdbeer-Wein (1 Liter)
50 ml Zitronen- oder Limettensaft
nach Wunsch, für milderen Genuss: 1 Flasche Karls Erdbeernektar (0,7 Liter)
50 ml Zitronen- oder Limettensaft
1 Flasche Karls Erdbeer-Secco (0,7 Liter)
nach Wunsch, für mehr Prickeln: 1 zusätzliche Flasche Karls Erdbeer-Secco

Für die Deko:
Minzeblätter
Zitronenscheiben

VARIANTE 1 MIT ALKOHOL:

1. Alle Getränke sollten gut gekühlt sein. In folgender Reihenfolge alle Zutaten in der Bowle-Schale vermischen und nur am Ende einmal ruhig umrühren:
   - Karls Erdbeeren
   - Erdbeer-Limes
   - Erdbeer-Wein
   - Nach Wunsch Erdbeernektar
   - Zitronen- oder Limettensaft
2. Die Mischung mit 1 oder 2 Flaschen Erdbeer-Secco vorsichtig aufgießen und nur leicht umrühren. Fertig! Mit weiterem Saft auf Wunsch abschmecken und mit Minze und Zitronenscheiben dekorieren.

EXTRATIPP:

Am Abend davor die Erdbeeren in Karls Erdbeer-Gin oder Erdbeer-Limes einlegen und über Nacht ziehen lassen.

ERDBEER-BOWLE

leicht 5 Minuten

Du brauchst für 1 Bowle:

1 Bowle-Schale oder Schüssel & 1 Kelle

500 g frische Karls Erdbeeren, geputzt, halbiert
1 Flasche Erdbeer-Nektar (0.7 Liter)
50 ml Zitronen- oder Limettensaft
1 Flasche Karls Erdbeer-Secco (0,7 Liter), alkoholfrei
2 Flaschen Erdbeerbrause à 330 ml

Für die Deko:
Minzblätter
Zitronenscheiben

VARIANTE 2 OHNE ALKOHOL:

1. Alle Getränke sollten gut gekühlt sein. In folgender Reihenfolge alle Zutaten in der Bowle-Schale vermischen und nur am Ende einmal ruhig umrühren:
   - Karls Erdbeeren
   - Erdbeer-Nektar
   - Zitronen- oder Limettensaft
2. Die Mischung mit Erdbeer-Secco und Erdbeerbrause vorsichtig aufgießen und nur leicht umrühren. Fertig! Mit weiterem Saft auf Wunsch abschmecken und mit Minze und Zitronenscheiben dekorieren.

KARLS PIRINHA

leicht 5 Minuten

Du brauchst für 1 Glas:

½ Bio-Limette, in Stücken
2 TL Rohrzucker
60 ml Karls Erdbeerlikör
30 ml Maracujanektar
Crushed Ice
Ginger Ale zum Auffüllen

1. Limettenstücke mit Rohrzucker ins Glas geben und zerdrücken.
2. Den Erdbeerlikör, den Maracujanektar und Crushed Ice hinzugeben und umrühren.
3. Mit Ginger Ale auffüllen und servieren.

Weitere Koch- und Backbücher der Edition Lempertz:

Corinna Nuber

mixtipp:
Gesundes Backen
rund ums Jahr
Kochen mit dem Thermomix®

120 Seiten, Format: 19 x 23 cm, Flexocover, durchgehend farbig bebildert, ISBN: 978-3-96058-370-7,
14,99 €

Gesunder Genuss ohne Reue! In diesem mixtipp-Band stellt uns Corinna Nuber tolle Rezepte vor, die man rund ums Jahr genießen kann und auch darf. Denn für die Zubereitung ihrer Naschereien benötigt man keinerlei industriell hergestellten Zucker. Süß und schmackhaft gelingen sie mit gesunden Zutaten und natürlichen Süßungsmitteln wie Honig, Ahornsirup oder Datteln.

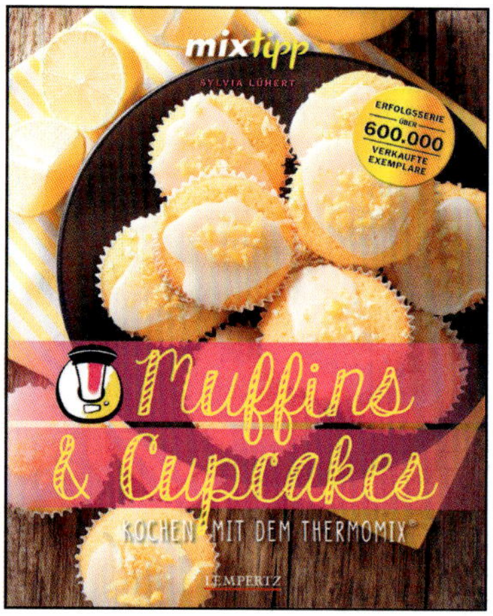

Sylvia Lühert

mixtipp:
Muffins & Cupcakes
Kochen mit dem Thermomix®

112 Seiten, Format: 19 x 23 cm, Flexocover, durchgehend farbig bebildert, ISBN: 978-3-96058-319-6,
14,99 €

Muffins und Cupcakes sind leckere, kleine Versuchungen, die jedes fröhliche Beisammensein zu etwas Besonderem machen. Egal ob aufwendig dekoriert oder schlicht köstlich, die locker-leichten, saftigen Kuchen sind immer ein Genuss. Probiere dich durch die über 40 leckere Rezepte und staune über die Vielseitigkeit der kleinen Köstlichkeiten.

Elisa Tschiplakow

Vegetarisch schlemmen
Einfache Rezepte mit und ohne Thermomix®

152 Seiten, Format: 19 x 23 cm, Flexocover, durchgehend farbig bebildert, ISBN: 978-3-96058-384-4,
14,99 €

Elisa kocht für ihr Leben gern und teilt diese Leidenschaft seit 2016 auf ihrem Blog „Elisakocht.de". Es erwarten euch 62 vegetarische Rezepte, die einfach nachzukochen sind und die ihr super in euren Alltag integrieren könnt. Rezepte wie Pizza-Pestorolle aus dem Ofen, Curry-Reissalat mit Mango und Falafel, machen einfach Lust auf eine vegetarische Reise rund um die Welt!
Und was obendrein auch nicht fehlen darf: Good Fast Food, denn es geht doch nichts über einen guten Burger oder ein deftig-vegetarisches Chili sin Carne.